Chinesisch lustig lesen

Geschichten chinesischer Weisheiten

智慧

VERLAG FÜR FREMDSPRACHIGE LITERATUR · BEIJING

Erste Auflage 2006

Redaktion: Tang Xiaoqing
Übersetzung: Shao Qinghuan und Dai Shifeng
Deutsche Bearbeitung: Gregor Kneussel
Lektorat: Dai Shifeng
Layout: Yao Bo und Han Xiaoting

ISBN: 7-119-04353-6

Baiwanzhuang Dajie 24, 100037 Beijing, China

Internationaler Vertrieb:
Chinesische Internationale Buchhandelsgesellschaft
Chegongzhuang Xilu, 100044 Beijing, China

Vertrieb für Europa:
China Book Trading GmbH
Max-Planck-Straße 6A, 63322 Rödermark, Deutschland

Druck und Verlag in der Volksrepublik China

目录 Inhalt

目录 Inhalt

说话的学问

晋国时，有位大学问家郭象，不但学识渊博，且对于每件事物都能有独到的见解；郭象也爱好老庄学说，有一番精湛的研究与成就。当时，有许多人邀他出来做官，均一一遭到婉拒。他总是把做学问和谈论哲学当成是最快乐的事情。

郭象不但知识丰富，而且口才好，对每件事都能有精辟的见解，所以时常让人愈听愈有劲。有人称赞他说："听郭象讲话，就好比一条悬在山中的河流，倾泻而下，滔滔不绝，没有干枯的时候。"

智慧小语

不必说而说，是多说；不当说而说，是瞎说。言语吸引人之处来自于他的精辟。

全文注释

Kunst der Sprache

晋国时，有位大学问家郭象，不但学识渊博，且对于每件事物都能有独到的见解；

Jìnguó shí, yǒu wèi dà xuéwènjiā Guō Xiàng, bùdàn xuéshí yuānbó, qiě duìyú měi jiàn shìwu dōu néng yǒu dúdào de jiànjiě;

Im Staate Jin gab es einen großen Gelehrten namens Guo Xiang. Er war nicht nur sehr belesen, sondern hatte fast über jede Sache seine eigene Auffassung.

学问家	xuéwènjiā	（名词）	Gelehrter
渊博的	yuānbó de	（形容词）	belesen
独到的	dúdào de	（形容词）	einzigartig, eigen
见解	jiànjiě	（名词）	Auffassung

郭象也爱好老庄学说，有一番精湛的研究与成就。

Guō Xiàng yě àihào Lǎo Zhuāng xuéshuō, yǒu yī fān jīngzhàn de yánjiū yǔ chéngjiù.

Guo liebte die Lehren von Laozi und Zhuangzi sehr, hatte tiefgreifende Forschungen angestellt und dabei hervorragende Erfolge erzielt.

学说	xuéshuō	（名词）	Lehre
爱好	àihào	（动词）	lieben
精湛的	jīngzhàn de	（形容词）	tiefgreifend
研究	yánjiū	（名词）	Forschung
成就	chéngjiù	（名词）	Erfolg

当时，有许多人邀他出来做官，均一一遭到婉拒。他总是把做学问和谈论哲学当成是最快乐的事情。

Dāngshí, yǒu xǔduō rén yāo tā chūlái zuò guān, jūn yīyī cāodào wǎnjù. Tā zǒngshì bǎ zuò xuéwèn hé tánlùn zhéxué dàngchéng shì zuì kuàilè de shìqing.

Viele seiner Zeitgenossen luden ihn ein, Beamter zu werden, was er stets dankend ablehnte. Er betrachtete es immer als die größte Freude, sich Kenntnisse zu erwerben und sich über Philosophisches zu unterhalten.

邀请	yāoqǐng	（动词）	einladen
做官	zuòguān	（名词）	Beamter werden
总是	zǒngshì	（副词）	immer, stets
婉拒	wǎnjù	（动词）	ablehnen
谢绝	xièjué		dankend ablehnen
视为	shìwéi	（动词）	betrachten als
快乐	kuàilè	（名词）	Freude
谈论	tánlùn	（动词）	sich unterhalten über

郭象不但知识丰富，而且口才好，对每件事都能有精辟的见解，所以时常让人愈听愈有劲。

Guō Xiàng bùdàn zhīshi fēngfù, érqiě kǒucái hǎo, duì měi jiàn shì dōu néng yǒu jīngpì de jiànjiě, suǒyǐ shícháng ràng rén yù tīng yù yǒu jìn.

Guo Xiang war nicht nur kenntnisreich, sondern auch redegewandt. Mit seinen tief schürfenden Auffassungen zu jedem Thema zog er seine Zuhörer in den Bann.

知识丰富的	zhīshi fēngfù de	（形容词）	kenntnisreich
好口才的	hǎo kǒucái de	（形容词）	redegewandt
精辟的	jīngpì de	（形容词）	tief schürfend
吸引力	xīyǐnlì	（名词）	Bann
吸引某人	xīyǐ mǒurén		jn. in seinen Bann ziehen
听众	tīngzhòng	（名词）	Zuhörer

有人称赞他说："听郭象讲话，就好比一条悬在山中的河流，倾泻而下，滔滔不绝，没有干枯的时候。"

Yǒu rén chēngzàn tā shuō: "Tīng Guō Xiàng jiǎnghuà, jiù hǎobǐ yī tiáo xuánzài shānzhōng de héliú, qīngxiè ér xià, tāotāo-bùjué, méiyǒu gānkū de shíhòu."

Man pries ihn mit den Worten: „Guo Xiangs Rede gleicht einem Wasserfall, der aus dem Berg ununterbrochen herunterfließt und nie versiegt."

称赞	chēngzàn	（动词）	preisen
好比	hǎobǐ	（动词）	gleichen
滔滔不绝	tāotāo-bùjué		reden wie ein Wasserfall
倾泻	qīngxiè	（动词）	herunterfließen
干枯	gānkū	（动词）	versiegen

Die Moral daraus

不必说而说，是多说；不当说而说，是瞎说。言语吸引人之处来自于他的精辟。

Bùbì shuō ér shuō, shì duō shuō; bùdāng shuō ér shuō, shì xiā shuō. Yányǔ xīyǐn rén zhī chù láizìyú tā de jīngpì.

Unnötiges Sprechen ist Geschwätz, unpassendes Sprechen bedeutet Quatsch. Die Anziehungskraft der Sprache liegt also in der Tiefsinnigkeit.

不必要的	bù bìyào de	（形容词）	unnötig
多说，废话	duōshuō, fèihuà	（名词）	Geschwätz
不适当的	bù shìdàng de	（形容词）	unpassend
瞎说	xiāshuō	（名词）	Quatsch
吸引力	xīyǐnlì	（名词）	Anziehungskraft
精辟	jīngpì	（名词）	Tiefsinnigkeit

自我反省

夏朝时，启是大禹的儿子，有一次，有扈氏兴兵入侵，夏禹便派他的儿子启去抵抗，结果启战败了，但他的部下非常不服，一致要求再战。伯启却说："毋须再战了。我的地盘不比他小，兵马也不比他差，结果我竟然打败了，这是为什么呢？我想，一定是我德行不如他好，教导部属的方法不当，我得找出自身的问题所在，然后加以改正才是。"

自此以后，他立志奋发，每日努力工作，不讲究美味，生活简朴，爱护百姓，尊重有品德的人，任用贤者。有扈氏得知后，非但不敢再来侵犯，还甘心地降服归顺。

智慧小语

凡事多从自身要求起，才有不断进步的空间。

全文注释

Selbstprüfung

夏朝时，启是大禹的儿子，有一次，有扈氏兴兵入侵，夏禹便派他的儿子启去抵抗，结果启战败了，但他的部下非常不服，一致要求再战。

Xiàcháo shí, Qǐ shì Dà Yǔ de érzi, yǒu yī cì, Yǒu Hù Shì xīngbīng rùqīn, Xià Yǔ pài tā de érzi Qǐ qù dǐkàng, jiéguǒ zhànbài le, dàn tā de bùxià fēicháng bù fú, yī zhì yāoqiú zài zhàn.

Es geschah in der Xia-Dynastie: Qi war der Sohn des Königs Yu der Große. Einmal drangen die Truppen von You Hu Shi in das Reich der Xia ein. Yu der Große schickte seinen Sohn Qi zur Verteidigung aus, der wurde aber besiegt. Seine Leute gaben sich nicht geschlagen und forderten einstimmig, den Kampf fortzusetzen.

发生	fāshēng	（动词）	geschehen
朝代	cháodài	（名词）	Dynastie
入侵	rùqīn	（动词）	eindringen
派	pài	（动词）	ausschicken
抵抗	dǐkàng	（名词）	Verteidigung
战败	zhànbài	（动词）	besiegt werden
不服	bùfú	（动词）	sich nicht geschlagen geben
要求	yāoqiú	（动词）	fordern
一致的	yízhì de	（形容词）	einstimmig
再战	zàizhàn		den Kampf fortsetzen

伯启却说：“毋须再战了。我的地盘不比他小，兵马也不比他差，结果我竟然打败了，这是为什么呢？

Bó Qǐ què shuō: “Wùxū zài zhàn le. Wǒ de dìpán bùbǐ tā xiǎo, bīngmǎ yě bù bǐ tā chà, jiéguǒ wǒ jìngrán dǎbài le, zhè shì wèi shénme ne?

Qi sagte aber: „Wir brauchen nicht mehr zu kämpfen. Mein Gebiet ist nicht kleiner als seines, meine Truppen sind auch nicht schlechter als seine, aber wurden schließlich besiegt, worin liegt der Grund?

毋须	wùxū		nicht brauchen, etwas zu tun
地盘	dìpán	（名词）	Gebiet
兵马，队伍	bīngmǎ, duìwu	（名词）	Truppe
结果	jiéguǒ	（副词）	schließlich
原因	yuányīn	（名词）	Grund

我想，一定是我德行不如他好，教导部属的方法不当，我得找出自身的问题所在，然后加以改正才是。”

Wǒ xiǎng, yī dìng shì wǒ déxíng bùrú tā hǎo, jiàodǎo bùshǔ de fāngfǎ bùdàng, wǒ děi zhǎochū zìshēn de wèntí suǒzài, ránhòu jiāyǐ gǎizhèng cáishì."

Es liegt bestimmt daran, dass meine moralische Haltung nicht so perfekt wie seine war und dass mein Training der Truppen nicht korrekt war. Ich muss meine eigenen Probleme erkennen und dann überwinden, erst dann werden wir siegen."

道德的	dàodé de	（形容词）	moralisch
行为	xíngwéi	（名词）	Haltung
德行	déxíng		moralische Haltung
完美的，出色的	wánměi de, chūsè de	（形容词）	perfekt
对的	duì de	（形容词）	korrekt
不当	bùdàng		nicht korrekt

改正，克服	gǎizhèng, kèfú	（动词）	überwinden
问题	wèntí	（名词）	Problem

自此以后，他立志奋发，每日努力工作，不讲究美味，生活简朴，爱护百姓，尊重有品德的人，任用贤者。

Zì cǐ yǐhòu, tā lìzhì fènfā, měi rì nǔlì gōngzuò, bù jiǎngjiu měiwèi, shēnghuó jiǎnpǔ, àihù bǎixìng, zūnzhòng yǒu pǐndé de rén, rènyòng xiánzhě.

Von da an fasste er den Entschluss sich anzustrengen, arbeitete jeden Tag sehr hart, hielt sich von gutem Essen fern, führte ein schlichtes Leben, achtete die einfache Bevölkerung, schätzte die tugendhaften Menschen und setzte tüchtigen Personen ein.

立志	lìzhì		den Entschluss fassen
奋发，努力	fènfā, nǔlì	（动词）	sich anstregen
艰苦的	jiānkǔ de	（形容词）	hart
简朴的	jiǎnpǔ de	（形容词）	schlicht
百姓	bǎixìng		die einfache Bevölkerung
尊重	zūnzhòng	（动词）	schätzen
有品德的	yǒu pǐndé de	（形容词）	tugendhaft
贤能的	xiánnéng de	（形容词）	tüchtig
任用	rènyòng	（动词）	einsetzen

有扈氏得知后，非但不敢再来侵犯，还甘心地降服归顺。

Yǒu Hù Shì dézhī hòu, fēidàn bùgǎn zài lái qīnfàn, hái gānxīn de xiángfú guīshùn.

Als You Hu Shi davon erfuhr, wagte er nicht nur keinen Angriff mehr, sondern unterwarf sich bereitwillig der Xia-Dynastie.

得知	dézhī	（动词）	erfahren
侵犯	qīnfàn	（名词）	Angriff
甘心，自愿的	gānxīn, zìyuàn de	（形容词）	bereitwillig
归顺，屈服	guīshùn, qūfú	（动词）	sich unterwerfen

Die Moral daraus

凡事多从自身要求起，才有不断进步的空间。

Fán shì duō cóng zìshēn yāoqiú qǐ, cáiyǒu bùduàn jìnbù de kōngjiān.

Wenn man bei allem davon ausgeht, hohe Forderungen an sich selbst zu stellen, kann man immer Fortschritte machen.

从…开始	cóng...kāishǐ	von etw. (jm.) ausgehen
有进步	yǒu jìnbù	Fortschritte machen

恶果

从前，有个人名叫邱俊。有一天，邱俊到一间寺庙去拜望一位和尚，这位和尚见邱俊不是做官的人，便看不起他，且对他爱理不睬地，很不客气。就在此时，庙中来了位高级官员的公子，排场既浩大又阔绰，于是这位势利眼的和尚立刻陪上一副笑脸，抛下了邱俊，出去款待他了。

邱俊好厌恶这位和尚的态度，便很气愤地问他："为什么你对我是如此地不友善，而对他却是百般地恭敬呢？"

怎奈这位和尚一副轻慢、无所谓地说："仁兄，你误会了！难道你不知道我的脾气吗？凡是在表面上看来我对他客气的，内心里未必是真的客气；凡是我在内心里已经对他客气的，那么就毋须在表面上客气了。你懂吗？"

邱俊一听，更加气愤，恰巧他手里握着一根拐杖，便在和尚的头上重重地敲打了几下，忿忿不平地说道："照你这么说，打你就是爱你，不打你就是不爱你，因此我只好打你了，请见谅吧！"

这个和尚真可说是"自作自受"。

智慧小语

昧着良心说不实的话、做不实的事，是危险而不当的。

全文注释

Schlimme Folgen

从前，有个人名叫邱俊。有一天，邱俊到一间寺庙去拜望一位和尚，这位和尚见邱俊不是做官的人，便看不起他，且对他爱理不睬地，很不客气。

Cóngqián, yǒu gè rén míngjiào Qiū Jùn. Yǒu yī tiān, Qiū Jùn dào yī jiān sìmiào qù bàiwàng yī wèi héshang, zhè wèi héshang jiàn Qiū Jùn bùshì zuò guān de rén, biàn kànbuqǐ tā, qiě duì tā àilǐ-bùcǎi de, hěn bù kèqi.

Es war einmal ein Mann namens Qiu Jun, der eines Tages zu einem Tempel kam, um einen Mönch aufzusuchen. Der Mönch sah, dass Qiu kein Beamter war, deshalb hielt er nichts von ihm, verhielt sich ihm gegenüber gleichgültig und sehr unhöflich.

寺庙	sìmiào	（名词）	Tempel
和尚	héshang	（名词）	Mönch
拜望	bàiwàng	（动词）	aufsuchen
对待	duìdài	（动词）	sich verhalten
爱理不睬地，	àilǐ-bùcǎi de,		
冷淡的	lěngdàn de	（形容词）	gleichgültig
不客气的	bù kèqì de	（形容词）	unhöflich

就在此时，庙中来了位高级官员的公子，排场既浩大又阔绰，于是这位势利眼的和尚立刻陪上一副笑脸，抛下了邱俊，出去款待他了。

Jiù zài cǐshí, miàozhōng láile wèi gāojí guānyuán de gōngzǐ, páichǎng jì hàodà yòu kuòchuo, yúshì zhè wèi shìlìyǎn de héshang lìkè péishang yī fù xiàoliǎn, pāoxiale Qiū Jùn, chūqù kuǎndài tā le.

Gerade zu dieser Zeit kam der Sohn eines hochgestellten Beamten in den Tempel, mit großem Aufwand und Pomp. Darauf setzte der kriecherische Mönch sofort ein lächelndes Gesicht auf und empfing ihn freundlich, ohne sich weiter um Qiu Jun zu kümmern.

高级官员	gāojí guānyuán		hochgestellter Beamter
公子	gōngzǐ	（名词）	Sohn
奢侈	shēchì	（名词）	Aufwand
阔绰，排场	kuòchuò, páichang	（名词）	Pomp
势利眼的，	shìlìyǎn de,		
阿谀奉承的	ēyú-fèngcheng de	（形容词）	kriecherisch
陪上一副笑脸	péishang yī fù xiàoliǎn		ein lächelndes Gesicht aufsetzen
款待	kuǎndài	（动词）	empfangen
友好的	yǒuhǎo de	（形容词）	freundlich

邱俊好厌恶这位和尚的态度，便很气愤地问他："为什么你对我是如此地不友善，而对他却是百般地恭敬呢？"

Qiūjùn hǎo yànwù zhè wèi héshang de tàidù, biàn hěn qìfèn de wèn tā: "Wèi shénme nǐ duì wǒ shì rúcǐ de bù yǒushàn, ér duì tā què shì bǎibān de gōngjìng ne?"

Mit großer Abscheu gegen den Mönch fragte Qiu ihn aufgebracht: „Warum warst du zu mir so unfreundlich und ihm gegenüber so ehrerbietig?"

厌恶	yànwù	（名词）	Abscheu
气愤的	qìfèn de	（形容词）	aufgebracht
恭敬的	gōngjìng de	（形容词）	ehrerbietig

怎奈这位和尚一副轻慢、无所谓地说："仁兄，你误会了！难道你不知道

我的脾气吗？凡是在表面上看来我对他客气的，内心里未必是真的客气。

Zěn nài zhè wèi héshang yī fù qīngmàn, wúsuǒwèi de shuō: "Rénxiōng, nǐ wùhuì le! Nándào nǐ bù zhīdào wǒ de píqì ma? Fán shì zài biǎomiàn shang kànlái wǒ duì tā kèqi de, nèixīn li wèibì shì zhēn de kèqi.

Der Mönch sagte leichtfertig und gleichgültig: „Ein Missverständnis, mein Bruder! Kennst du meinen Charakter denn nicht? Wenn ich allem Anschein nach freundlich zu ihm bin, bin ich innerlich nicht unbedingt wirklich freundlich;

轻慢的	qīngmàn de	（形容词）	leichtfertig
无所谓的	wú suǒwèi de	（形容词）	gleichgültig
误会	wùhuì	（名词）	Missverständnis
脾气，性格	píqi, xìnggé	（名词）	Charakter
表面上	biǎomiàn shang		allem Anschein nach
不一定	bù yī dìng	（副词）	unbedingt
内心的	nèixīn de	（形容词）	innerlich

凡是我在内心里已经对他客气的，那么就毋须在表面上客气了。你懂吗？”

Fánshì wǒ zài nèixīn li yǐjīng duì tā kèqi de, nàme jiù wùxū zài biǎomiàn shang kèqi le. Nǐ dǒng ma?"

Wenn ich innerlich tatsächlich freundlich zu jemandem bin, so brauche ich äußerlich die Höflichkeit nicht zu zeigen. Verstehst du?"

表面的	biǎomiàn de	（形容词）	äußerlich
客气	kèqi	（名词）	Höflichkeit

展现	zhǎnxiàn	（动词）	zeigen
明白	míngbai	（动词）	verstehen

邱俊一听，更加气愤，恰巧他手里握着一根拐杖，便在和尚的头上重重地敲打了几下，忿忿不平地说道："照你这么说，打你就是爱你，不打你就是不爱你，因此我只好打你了，请见谅吧！"

Qiū Jùn yī tīng, gèngjiā qìfèn, qiàqiǎo tā shǒuli wòzhe yī gēn guǎizhàng, biàn zài héshang de tóushang zhòngzhòng de qiāole jǐ xià, fènfèn bù ping de shuōdào: "Zhào nǐ zhème shuō, dǎ nǐ jiùshì ài nǐ, bù dǎ jiùshì bù ài nǐ, yīncǐ wǒ zhǐhǎo dǎ nǐ le, qǐng jiànliàng ba!"

Dies zu hören versetzte Qiu Jun in einen noch größeren Zorn. Zufällig hatte er einen Spazierstock in der Hand, so schlug er dem Mönch heftig auf den Kopf und sagte entrüstet: „Nach deiner Behauptung bedeutet dieser Schlag meine Liebe zu dir; wenn ich dich nicht schlagen würde, hätte ich dich nicht gern. Also muss ich dich schlagen, bitte entschuldige!“

使某人恼火	shǐ mǒurén nǎohuǒ		jn. in Zorn versetzen
恰巧	qiàqiǎo	（副词）	zufällig
拐杖	guǎizhàng	（名词）	Sparzierstock
猛烈的	měngliè de	（形容词）	heftig
愤愤不平的	fènfèn bùpíng de	（形容词）	entrüstet
看法	kànfǎ	（名词）	Behauptung

这个和尚真可说是"自作自受"。

Zhè gè héshang zhēn kě shuō shì "zìzuò-zìshòu".

Für diesen Mönch kann man mit Recht das Sprichwort gebrauchen: „Man muss die Suppe auslöffeln, die man sich eingebrockt hat.“

Die Moral daraus

味着良心说不实的话、做不实的事，是危险而不当的。

Mèizhe liángxīn shuō bù shí de huà, zuò bù shí de shì, shì wēixiǎn bù dàng de.

Wider besseres Gewissen die Unwahrheit zu sagen und Untaten anzustellen ist gefährlich.

违反	wěifǎn	（介词）	wider
良心			besseres Gewissen
不实的话	bùshí de huà	（名词）	Unwahrheit
不实的事	bùshí de shì	（名词）	Untat
干（坏事）	gàn (huàishì)	（动词）	anstellen
危险的	wēixiǎn de	（形容词）	gefährlich

矛与盾

有个卖矛兼卖盾的人，每到一个地方，总是先耍一套功夫，借以招揽生意。有一天，他来到了一个小城镇，在闹市中选择了一块空地，舞刀弄枪一番后，吸引了越来越多的行人，此时他便停止了表演，走到兵器架旁拿起一支长矛向观众说："各位乡亲父老，这根长矛是用纯钢精心铸造而成的，锋利无比，堪称世界上最好的矛，无论什么东西它都可以刺穿。"

他看看顾客们都没什么表示，因而再拿出一面盾来，在观众面前晃了晃，吹嘘道："现在，让我来向各位介绍这面盾牌，它是用天下最好的皮革制成的，不管用什么样的利器都休想刺穿它。"

说完，就拍拍那面盾，大声地嚷着："各位要买要快，所剩无几，机会难得哦！"就在这时，从观众中突然挤出一个人，手指着地上的矛和那人手中的盾说："喂！老兄，假如用你的矛来刺你手上的盾，结果会是如何呢？"一时间，那个江湖艺人被问得张口结舌，半天说不出话来，而观众们都觉得好笑，之后便一哄而散。

智慧小语

你可以一时得以欺骗某些人或所有人，但却不能永远欺骗所有人。

全文注释

Speere und Schilde

有个卖矛兼卖盾的人，每到一个地方，总是先耍一套功夫，借以招揽生意。

Yǒu gè mài máo jiān mài dùn de rén, měi dào yī gè dìfang, zǒngshì xiān shuǎ yī tào gōngfu, jiè yǐ zhāolǎn shēngyì.

Es gab einen Mann, der sowohl Speere als auch Schilde verkaufte. An jedem Ort führte er zuerst alles an Kampfkünsten vor, was er konnte, um Kunden anzulocken.

矛	máo	（名词）	Speer
盾	dùn	（名词）	Schild
卖	mài	（动词）	verkaufen
耍，表演	shuǎ, biǎoyǎn	（动词）	vorführen
功夫	gōngfu	（名词）	Kampfkunst
首先	shǒuxiān	（副词）	zuerst
招揽	zhāolǎn	（动词）	anlocken
生意	shēngyì	（名词）	Geschäft

有一天，他来到了一个小城镇，在闹市中选择了一块空地，舞刀弄枪一番后，吸引了越来越多的行人，此时他便停止了表演，走到兵器架旁拿起一支长矛向观众说：

Yǒu yī tiān, tā láidàole yī gè xiǎo chéngzhèn, zài nàoshì zhōng xuǎnzéle yī kuài kòngdì, wǔdāo-nòngqiāng yī fān hòu, xīyǐnle yuè lái yuè duō de xíngrén, cǐshí tā biàn tíngzhǐle biǎoyǎn, zǒudào bīngqìjià páng náqǐ yī zhī chángmáo xiàng guānzhòng shuō:

Eines Tages kam er in eine Kleinstadt und suchte in einer belebten Straße einen freien Platz, wo durch seine Übungen mit Messern und Speeren immer mehr Fußgänger angezogen wurden. Da hörte er mit der Vorführung auf, holte ein langes Speer aus dem Waffengestell und sagte zu den Zuschauern:

小城镇	xiǎo chéngzhèn	（名词）	Kleinstadt
热闹的	rènao de	（形容词）	belebt
街道	jiēdào	（名词）	Straße
空的	kòng de	（形容词）	frei
舞刀弄枪	wǔdāo-nòngqiāng		Übungen mit Messern und Speeren
行人	xíngrén	（名词）	Fußgänger
吸引	xīyǐn	（动词）	anziehen
停止	tíngzhǐ	（动词）	aufhören mit
表演	biǎoyǎn	（名词）	Vorführung
兵器架	bīngqìjià	（名词）	Waffengestell
观众	guānzhòng	（名词）	Zuschauer

“各位乡亲父老，这根长矛是用纯钢精心铸造而成的，锋利无比，堪称世界上最好的矛，无论什么东西它都可以刺穿。”

“Gè wèi xiāngqīn fùlǎo, zhè gēn chángmáo shì yòng chún gāng jīngxīn zhùzào ér chéng de, fēnglì wú bǐ, kānchēng shìjiè shang zuì hǎo de máo, wúlùn shénme dōngxi tā dōu kěyǐ cì chuān.”

„Meine Damen und Herren! Dieses Speer ist aus purem Stahl sorgfältig hergestellt und ist unvergleichlich scharf, es gilt als das beste Speer der Welt und kann alles, egal war, durchstechen.“

纯的	chún de	（形容词）	pur

钢	gāng	（名词）	Stahl
精心的	jīngxīn de	（形容词）	sorgfältig
制造	zhìzhào	（动词）	herstellen
锋利的	fēnglì de	（形容词）	scharf
无法比拟的	wúfǎ bǐní de	（形容词）	unvergleichlich
堪称	kānchēng		gelten als
刺穿	cìchuān	（动词）	durchstechen

他看看顾客们都没什么表示，因而再拿出一面盾来，在观众面前晃了晃，吹嘘道："现在，让我来向各位介绍这面盾牌，它是用天下最好的皮革制成的，不管用什么样的利器都休想刺穿它。"

Tā kànkan gùkèmen dōu méiyǒu shénme biǎoshì, yīnér zài náchū yī miàn dùn lái, zài guānzhòng miànqián huànglehuàng, chuīxūdào: "Xiànzài, ràng wǒ lái xiàng gè wèi jièshào zhè miàn dùnpài, tā shì yòng tiānxià zuì hǎo de pígé zhì chéng de, bù guǎn yòng shénme yàng de lìqì dōu xiūxiǎng cìchuān tā."

Als er keine Reaktion aus der Menge fand, nahm er einen Schild heraus, schwenkte ihn vor den Schaulustigen hin und her und prahlte: „Nun möchte ich Ihnen, meine Damen und Herren, diesen Schild vorstellen. Es ist aus dem besten Leder der Welt hergestellt, nichts kann ihn durchstechen, egal, wie scharf die Waffen auch sind."

反应	fǎnying	（名词）	Reaktion
拿出	náchū	（动词）	herausnehmen
晃了晃	hànglehuàng	（动词）	hin- und herschwenken
吹嘘	chuīxū	（动词）	prahlen
介绍	jièshào	（动词）	vorstellen
皮革	pígé	（名词）	Leder

说完，就拍拍那面盾，大声地嚷着："各位要买要快，所剩无几，机会难得哦！"就在这时，从观众中突然挤出一个人，手指着地上的矛和那人手中的盾说："喂！老兄，假如用你的矛来刺你手上的盾，结果会是如何呢？"

Shuōwán, jiù pāipai nà miàn dùn, dàshēng de rǎng zhe: "Gè wèi yào mǎi yào kuài, suǒ shèng wú jǐ, jīhuì nándé o!" Jiù zài zhè shí, cóng guānzhòng zhōng tūrán jǐchū yī gè rén, shǒu zhǐzhe dìshang de máo hé nà rén shǒuzhōng de dùn shuō: "Wèi! Lǎoxiōng, jiǎrú yòng nǐ de máo lái cì nǐ shǒushang de dùn, jiéguǒ huì shì rúhé ne?"

Kaum hatte er geendet, rief er wieder, auf den Schild schlagend, mit lauter Stimme: „Wenn Sie die Schilde kaufen wollen, bitte schnell, denn das Angebot ist begrenzt, wirklich eine seltene Chance!" In diesem Augenblick trat plötzlich ein Mann aus der Menge heraus und sagte, auf den Speer am Boden und den Schild in seiner Hand zeigend: „Hallo, lieber Freund! Was würde geschehen, wenn ich mit deinem Speer in den Schild in deiner Hand stäche?"

有限的	yǒuxiàn de		begrenzt
机会难得	jīhuì nándé		eine seltene Chance
突然	tūrán	（副词）	plötzlich
挤出来	jǐ chūlái	（动词）	heraustreten

一时间，那个江湖艺人被问得张口结舌，半天说不出话来，而观众们都觉得好笑，之后便一哄而散。

Yī shíjiān, nà gè jiānghú yìrén bèi wèn de zhāngkǒu-jiéshé, bàntiān shuōbuchū huà lái, ér guānzhòngmen dōu juéde hǎoxiào, zhīhòu biàn yī hōng ér sàn.

Eine Zeitlang war der Schausteller sprachlos, lange konnte er keinen Ton von sich geben, und die Zuschauer fanden dies komisch und liefen dann plötzlich laut lärmend auseinander.

张口结舌的	zhāngkǒu-jiéshé de	（形容词）	sprachlos
可笑的	kěxiào de	（形容词）	komisch
哄闹的	hōngnào de	（形容词）	lärmend
走散	zǒusàn	（动词）	auseinanderlaufen

Die Moral daraus

你可以一时得以欺骗某些人或所有人，但却不能永远欺骗所有人。

Nǐ kěyǐ yī shí déyǐ qīpiàn mǒu xiē rén huò suǒyǒu rén, dàn què bùnéng qīpiàn suǒyǒu rén.

Man kann einige oder sogar alle Menschen eine Zeitlang hinters Licht führen, doch unter keinen Umständen alle für immer betrügen.

一时	yī shí		eine Zeitlang
欺骗	qīpiàn	（动词）	betrügen

酸葡萄心理

有只狐狸，当它走到葡萄架下时，看到一串串成熟的葡萄从架上垂落下来，心想："这葡萄那样熟，想必一定很好吃，味道应是既甜又新鲜，可能比枣儿还可口呢！"想着想着，就纵身一跳，想要摘些葡萄来吃，只可惜葡萄架太高了，它够不着；再试一次，仍旧摘不到。因为不甘心，试了好几处，始终都摘不到一颗葡萄，弄得筋疲力尽，只好垂头丧气地离开了。

狐狸因为摘不到葡萄，一路上便喃喃自语："那葡萄一定很酸，没什么好吃的！"其实，狐狸好想吃那葡萄，只不过是吃不到才说葡萄酸，如此自我安慰一番，才不会觉得可惜。

智慧小语

塞尼加说："人类最大的敌人，就是心中之敌。"

全文注释

Saure-Trauben-Psyche

有只狐狸，当它走到葡萄架下时，看到一串串成熟的葡萄从架上垂落下来，心想："这葡萄那样熟，想必一定很好吃，味道应是既甜又新鲜，可能比枣儿还可口呢！"

Yǒu zhī húli, dāng tā zǒudào pútaojià xia shí, kàndào yī chuànchàn chéngshú de pútao cóng jiàshang chuíluò xiàlai, xīnxiǎng: "Zhè pútao nàyàng shú, xiǎngbì yīdìng hěn hǎochī, wèidào yīng shì jì tián yòu xīnxiān, kěnéng bǐ zǎor hái kěkǒu ne!"

Als ein Fuchs unter ein Weintraubenspalier kam, sah er die reifen Trauben, und er dachte bei sich: „Diese Trauben sind so reif, dass sie bestimmt sehr gut schmecken, sie sollten frisch und süß sein, vielleicht sogar schmackhafter als Datteln."

狐狸	húli	（名词）	Fuchs
葡萄架	pútáojià	（名词）	Weintraubenspalier
成熟的	chéngshú de	（形容词）	reif
心想	xīnxiǎng	（动词）	bei sich denken
一定	yī dìng	（副词）	bestimmt
新鲜的	xīnxiān de	（形容词）	frisch
甜的	tián de	（形容词）	süß
可口的	kěkǒu de	（形容词）	schmackhaft
枣儿	zǎor	（名词）	Dattel

想着想着，就纵身一跳，想要摘些葡萄来吃，只可惜葡萄架太高了，它够不着；

Xiǎngzhe xiǎngzhe, jiù zòngshēn yī tiào, xiǎng yào zhāi xiē pútao lái chī, zhǐ kěxī pútaojià tài gāo le, tā gòubuzháo;

Bei diesem Gedanken sprang er mit einem kräftigen Ruck in die Höhe, um die Trauben zu fressen. Das Traubenspalier war jedoch zu hoch, er konnte die Trauben nicht erreichen.

纵身一跳	zòngshēn yī tiào	mit einem kräftigen Ruck springen	
吃	chī	（动词）	fressen
达到	dádào	（动词）	erreichen
够不着	gòubuzháo		nicht erreichen können

再试一次，仍旧摘不到。因为不甘心，试了好几处，始终都摘不到一颗葡萄，弄得筋疲力尽，只好垂头丧气地离开了。

Zài shì yī cì, réngjiù zhāibudào. Yīnwèi bù gānxīn, shìle hǎo jǐ chù, shǐzhōng dōu zhāibudào yī kē pútao, nòngde jīnpí-lìjìn, zhǐhǎo chuítóu-sàngqì de líkāi le.

Ein erneuter Versuch misslang auch. Er konnte sich damit jedoch nicht abfinden, versuchte es immer wieder, konnte aber keine einzige Traube pflücken. Völlig erschöpft ging er mit hängendem Kopf weg.

不成功	bù chénggōng	（动词）	misslingen
试	shì	（名词）	Versuch
不甘心	bù gānxīn		sich nicht abfinden mit
采摘	cǎizhāi	（动词）	pflücken
筋疲力尽	jīnpí-lìjìn		völlig erschöpft

离开	líkāi	（动词）	weggehen
垂头丧气	chuítóu-sàngqì		mit hängendem Kopf

狐狸因为摘不到葡萄，一路上便喃喃自语："那葡萄一定很酸，没什么好吃的！"

Húli yīnwèi zhāibudào pútao, yīlù shang biàn nánnán-zìyǔ: "Nà pútao yīdìng hěn suān, méi shénme hǎo chī de!"

Da der Fuchs keine Trauben pflücken konnte, sagte er unterwegs vor sich hin: „Die Trauben sind sicher sehr sauer und schmecken gar nicht!"

一路上	yīlùshang	（副词）	unterwegs
喃喃自语	nánnán-zìyǔ		vor sich hin sagen
酸的	suān de	（形容词）	sauer

其实，狐狸好想吃那葡萄，只不过是吃不到才说葡萄酸，如此自我安慰一番，才不会觉得可惜。

Qíshí, húli hǎoxiǎng chī nà pútao, zhǐbuguò shì chībudào cái shuō pútao suān, rúcǐ zìwǒ ānwèi yī fān, cái huì juéde kěxī.

Wie gern wollte der Fuchs doch die Trauben bekommen, da es ihm aber nicht gelungen war, meinte er, dass die Trauben sauer seien. So tröstete er sich selbst.

自我安慰	zìwǒ ānwèi	（动词）	sich trösten

Die Moral daraus

塞尼加说："人类最大的敌人，就是心中之敌。"

Sàiníjiā shuō: "Rénlèi zuì dà de dírén, jiù shì xīnzhōng zhī dí."

Seneca hat gesagt: „Der größte Feind des Menschen ist der Feind im Herzen."

敌人	dírén	(名词)	Feind
心	xīn	(名词)	Herz

爱烦恼的人

据说从前杞国有位很胆小的人，因为时常想出一些奇怪的问题，让人觉得莫名其妙，所以大家都把他当作是一个神经过敏的人。

有一天，他吃过晚餐后，拿起一把大蒲扇坐在门前乘凉，遥望远处相连的天，突然忧伤起来，不禁喃喃自语道："假若有一天天空突然坠落下来，我们岂不是无路可逃了吗？活活地被压死实在是太冤枉了吧！"

从那以后，他几乎每日为这事发愁，越想就越觉得可怕，整个人焦虑得几乎崩溃。友人见他如此精神恍惚，都为他担心，于是劝他说："老兄啊！何苦自寻烦恼呢？天空是由那些大气冲积而成的，怎么会塌下来呢？"那人便问道："假使天空不会坠落下来，难道太阳、月亮和星星也不会塌下来吗？"友人再一次向他解释道："日月星辰也是由气体凝聚而成的一种发光体，即使真的坠落，又岂是你能解决的吗？不如想开些，顺其自然不是很好吗？"

当时的科学谈不上昌明，人们对于天体运行以及天象的认识也不深，别说是那位杞国人，就连劝导他的人，所知也是极为有限的，所以做不切实际的忧虑不过是自寻烦恼。

智慧小语

尽人事，听天命。与其做无谓的烦恼，不如让自己去做些有用的事。

全文注释

Ein bekümmerter Mann

据说从前杞国有位很胆小的人，因为时常想出一些奇怪的问题，让人觉得莫名其妙，所以大家都把他当作是一个神经过敏的人。

Jùshuō cóngqián Qǐguó yǒu wèi hěn dǎnxiǎo de rén, yīnwèi shícháng xiǎngchū yī xiē qíguài de wèntí, ràng rén juéde mòmíng-qímiào, suǒyǐ dàjiā dōu bǎ tā dàngzuò shì yī gè shénjīng guòmǐn de rén.

Es war einmal im Staate Qi ein sehr ängstlicher Mann. Da er oft sonderbare Ideen hatte, die anderen unbegreiflich waren, betrachtete man ihn als einen übernervösen Mann.

爱烦恼的	ài fánnǎo de		bekümmert
胆小的	dǎnxiǎo de	（形容词）	ängstlich
奇怪的	qíguài de	（形容词）	sonderbar
想法	xǎngfǎ	（名词）	Idee
莫名其妙的	mòmíng-qímiào de	（形容词）	unbegreiflich
神经过敏的	shénjīng guòmǐn de	（形容词）	übernervös

有一天，他吃过晚餐后，拿起一把大蒲扇坐在门前乘凉，遥望远处相连的天，突然忧伤起来，不禁喃喃自语道："假若有一天天空突然坠落下来，我们岂不是无路可逃了吗？活活地被压死实在是太冤枉了吧！"

Yǒu yī tiān, tā chīguò wǎncān hòu, náqǐ yī bǎ dà pūshàn zuòzài ménqián chèngliáng, yáowàng yuǎnchù xiānglián de tiān, tūrán yōushāng qǐlái, bùjīn nánnán-zìyǔ dào: "Jiǎruò yǒu yī tiān tiānkōng tūrán zhuìluò xiàlái, wǒmen qǐbushì wú lù kě táo ma? Huóhuó de bèi yāsǐ shízài shì tài yuānwang le ba!"

Eines Tages saß er nach dem Abendessen mit einem großen Bastfächer in der Hand vor der Tür, um sich in der frischen Kühle auszuruhen. Er blickte zum Himmel in der Ferne auf, war plötzlich von Gram erfüllt und murmelte in seinen Bart: „Wenn eines Tages der Himmel plötzlich einstürzt, wie können wir einen Ausweg zur Flucht finden? Ein Unheil kommt auf uns zu, wir werden lebendig begraben!"

晚餐	wǎncān	（名词）	Abendessen
蒲扇	pūshàn	（名词）	Bastfächer
乘凉	chéngliáng		sich in der frischen Kühle ausruhen
遥望	yáowàng	（动词）	aufblicken
天空	tiānkōng	（名词）	Himmel
远处	yuǎnchù	（名词）	Ferne
忧伤	yōushāng	（名词）	Gram
充满忧伤	chōngmǎn yōushāng		von Gram erfüllt sein
喃喃自语	nánnán-zìyǔ		etw. in seinen Bart murmeln
坠落	zhuìluò	（动词）	einstürzen
出路	chūlù	（名词）	Ausweg
逃跑	táopǎo	（名词）	Flucht
冤枉	yuānwang	（名词）	Unheil
活活的	huóhuó de	（形容词）	lebendig
埋葬	máizàng	（动词）	begraben

从那以后，他几乎每日为这事发愁，越想就越觉得可怕，整个人焦虑得几乎崩溃。友人见他如此精神恍惚，都为他担心，于是劝他说：

Cóng nà yǐhòu, tā jīhū měirì wèi zhè shì fāchóu. Yuè xiǎng jiù yuè juéde kěpà, zhěnggè rén jiàolǜ de jīhū bēngkuì. Yǒurén jiàn tā rúcǐ jīngshéng huǎnghū dōu wèi tā dānxīn, yúshì quàn tā shuō:

Von da an war er fast täglich darüber bekümmert, und je mehr er daran dachte, desto mehr Angst bekam er, und er war so sehr besorgt, dass er fast zusammenbrach. Seine Freunde sahen, dass er sich fast in Trance befand, und waren sehr um ihn bekümmert. Sie rieten ihm:

发愁，担忧	fāchóu, dānyōu		bekümmert sein über
可怕，害怕	kěpà, hàipà	（名词）	Angst
焦虑的	jiāolǜ de	（形容词）	besorgt
崩溃	bēngkuì	（动词）	zusammenbrechen
恍惚	huǎnghū	（名词）	Trance
劝	quàn	（动词）	raten

“老兄啊！何苦自寻烦恼呢？天空是由那些大气冲积而成的，怎么会塌下来呢？”那人便问道：“假使天空不会坠落下来，难道太阳、月亮和星星也不会塌下来吗？”

“Lǎoxiōng a! Hékǔ zì xún fánnǎo ne? Tiānkōng shì yóu nàxiē dàqì chōngjī ér chéng de, zěnme huì tāxialái ne?” Nà rén biàn wèndào: “Jiǎshǐ tiānkōng bùhuì zhuìluò xiàlái, nándào tàiyáng, yuèliang hé xīngxing yě bùhuì tāxialái ma?”

„Mein Bruder, wozu braucht man sich um ungelegte Eier zu kümmern? Der Himmel entstand durch Zusammenballung der Luft, wie könnte er einstürzen?“ Der Mann fragte: „Selbst wenn der Himmel nicht einstürzt, könnten nicht doch die Sonne, der Mond und die Sterne herabstürzen?“

自寻烦恼	zìxún-fánnǎo	（成语）	sich um ungelegte Eier kümmern
由…组成	yóu...zǔchéng	（动词）	entstehen
（成团的）聚集	(chéng tuán de) jùjí	（名词）	Zusammenballung

塌下来	tāxiàlai	（动词）	herabstürzen

友人再一次向他解释道："日月星辰也是由气体凝聚而成的一种发光体，即使真的坠落，又岂是你能解决的吗？不如想开些，顺其自然不是很好吗？"

Yǒurén zài yī cì xiàng tā jiěshì dào: "Rìyuè xīngchén yě shì yóu qìtǐ níngjù ér chéng de yī zhǒng fāguāngtǐ, jíshǐ zhēn de zhuìluò, yòu qǐ shì nǐ néng jiějué de ma? Bùrú xiǎng kāi xiē, shùnqí-zìrán bùshì hěnhǎo ma?"

Seine Freunde erklärten ihm immer wieder: „Auch die Sonne, der Mond und die Sterne sind eine Art von strahlenden Kugeln aus Luft, selbst wenn sie wirklich herabstürzen, könntest du das Problem lösen? Nimm es lieber nicht so ernst! Ist es nicht besser, sich der Natur zu fügen?"

解释	jiěshì	（动词）	erklären
发光的	fāguāng de	（形容词）	strahlend
球	qiú	（名词）	Kugel
解决	jiějué	（动词）	lösen
自然	zìrán	（名词）	Natur
顺从	shùncóng	（动词）	sich fügen
顺其自然	shùnqí-zìrán		sich der Natur fügen

当时的科学谈不上昌明，人们对于天体运行以及天象的认识也不深，别说是那位杞国人，就连劝导他的人，所知也是极为有限的，所以做不切实际的忧虑不过是自寻烦恼。

Dāngshí de kēxué tánbushàng chāngmíng, rénmén duìyú tiāntǐ yùnxíng yǐjí tiānxiàng de rènshi yě bù shēn, biéshuō shì nà wèi qǐguórén, jiù lián quàndǎo tā de rén, suǒzhī yě shì jíwéi yǒuxiàn de, suǒyǐ zuò bùqiè shíjì de yōulǜ bùguò shì zìxún fánnǎo.

Die Wissenschaft war zu jener Zeit nicht entwickelt, und selbst die Gelehrten verstanden damals die Bewegungen der Himmelskörper sowie astronomische Erscheinungen noch nicht genau, geschweige denn jener Mann aus dem Staat Qi. Sogar diejenigen, die ihm rieten, hatten begrenzte Kenntnisse. Eine unpraktische Bekümmernis bedeutet also nichts andere, als sich um ungelegte Eier zu sorgen.

科学	kēxué	（名词）	Wissenschaft
发展	fāzhǎn	（动词）	sich entwickeln
运行	yùnxíng	（名词）	Bewegung
天体	tiāntǐ	（名词）	Himmelskörper
天文学的	tiānwénxué de	（形容词）	astronomisch
现象	xiànxiàng	（名词）	Erscheinung
更别提...	gèng bié tí	（连词）	geschweige denn
甚至	shènzhì	（副词）	sogar
有限的	yǒuxiàn de	（形容词）	begrenzt
知识	zhīshi	（名词）	Kenntniss
不切实际的	bùqiè shíjì de	（形容词）	unpraktisch

Die Moral daraus

尽人事，听天命。与其做无谓的烦恼，不如让自己去做些有用的事。

Jìn rénshì, tīng tiānmìng. Yǔqí zuò wúwèi de fánnǎo, bùrú ràng zìjǐ qù zuò xiē yǒuyòng de shì.

Alles Praktische tun und sich den natürlichen Gesetzmäßigkeiten fügen. Man sollte lieber von sich selbst aus etwas Nützliches tun, als vergeblich bekümmert zu sein.

自然的	zìrán de	（形容词）	natürlich
规律性	guīlǜxìng	（名词）	Gesetzmäßigkeit
听天命	tīng tiānmìng		sich den natürlichen Gesetzmäßigkeiten fügen
无谓的	wúwèi de	（形容词）	vergeblich

谣言止于智者

魏国大臣庞葱陪太子到赵国去当人质，临行前对魏王说：“若有人说街上出现老虎，你相信吗？”魏王答道：“不信。”庞葱又说：“若有第二个人说街上出现老虎呢？”魏王答道：“我也许会半信半疑。”庞葱最后说：“假设再有第三人说街上出现老虎，你相信吗？”魏王答道：“那我就不得不去信它了。”

于是庞葱说道：“街上不会出现老虎是很明显的事实，然而经由三个人一说，就好像真的似的。赵国都城邯郸距离魏国都城比市街远得多，议论我的人恐怕不只三个人，还望大王明察。”

智慧小语

能不为谣言所惑的人，才是真正的智者。

全文注释

Ein Gerücht endet beim Klugen

魏国大臣庞葱陪太子到赵国去当人质，临行前对魏王说："若有人说街上出现老虎，你相信吗？" 魏王答道："不信。"

Wèiguó dàchén Páng Cōng péi tàizǐ dào zhàoguó qù dāng rénzhì, línxíng qián duì wèiwáng shuō: "Ruò yǒu rén shuō jiēshang chūxiàn lǎohǔ, nǐ xìn ma?" Wèiwáng dádào: "Bù xìn"

Pang Cong, ein Minister des Staates Wei, kam mit dem Gefolge des Kroprinzen in den Staat Zhao in Geiselhaft. Zum Abschied fragte er den Wei-König: „Schenkt Ihr dem Glauben, wenn man sagt, dass auf der Straße ein Tiger aufgetaucht sei?" Der König antwortete: „Nein."

大臣	dàchén	（名词）	Minister
太子	tàizǐ	（名词）	Kronprinz
人质	rénzhì	（名词）	Geisel
临行	línxíng		zum Abschied
老虎	lǎohǔ	（名词）	Tiger
出现	chūxiàn	（动词）	auftauchen

庞葱又说："若有第二个人说街上出现老虎呢？" 魏王答道："我也许会半信半疑。"

Páng Cōng yòu shuō: "Ruò yǒu dì-èr gè rén shuō jiēshang chūxiàn lǎohǔ ne?" Wèiwáng dádào: "Wǒ yěxǔ huì bànxìn-bànyí."

Wieder fragte Pang Cong: „Wenn ein zweiter sagt, dass auf der Straße ein Tiger aufgetaucht sei?" Der König antwortete: „Ich würde vielleicht halb glauben und halb zweifeln."

也许	yěxǔ	（副词）	vielleicht
半	bàn	（量词）	halb
相信	xiāngxìn	（动词）	glauben
怀疑	huáiyí	（动词）	zweifeln

庞葱最后说："假设再有第三人说街上出现老虎，你相信吗？"魏王答道："那我就不得不去信它了。"

Pángcōng zuìhòu shuō: "Jiǎshè zài yǒu dì-sān rén shuō jiēshang chūxiàn lǎohǔ, nǐ xiāngxìn ma?" Wèiwáng dádào: "Nà wǒ jiù bùdé bùqù xiāngxìn tā le."

Pang Cong fragte zum Schluss: „Falls es noch einen dritten gibt, der sagt, dass auf der Straße ein Tiger aufgetaucht sei, glaubt Ihr es dann?" Der König gab zur Antwort: „Dann muss ich es glauben."

最后	zuìhòu	zum Schluss
不得不	bùdébù	müssen

于是庞葱说道："街上不会出现老虎是很明显的事实，然而经由三个人一说，就好像真的似的。

Yúshì Páng Cōng shuōdào: "Jiēshang bùhuì chūxiàn lǎohǔ shì hěn míngxiǎn de shìshí, ránér jīng yóu sān gè rén yī shuō, jiù hǎoxiàng zhēn de sì de.

Darauf sagte Pang Cong: „Dass auf der Straße kein Tiger auftauchen kann, ist eine offensichtliche Tatsache. Jedoch scheint es durch die Wiederholung von drei Personen zur Wahrheit zu werden.

明显的	míngxiǎn de	（形容词）	offensichtlich
事实	shìshí	（名词）	Tatsache

真实	zhēnshí	（名词）	Wahrheit

赵国都城邯郸距离魏国都城比市街远得多，议论我的人恐怕不只三个人，还望大王明察。”

Zhàoguó dūchéng Hándān jùlí Wèiguó dūchéng bǐ shìjiē yuǎn de duō, yìlùn wǒ de rén kǒngpà bùzhǐ sān gè rén, hái wàng dàwáng míngchá.”

Die Hauptstadt Handan des Staates Zhao liegt von der Hauptstadt des Staates Wei viel weiter entfernt als die Straße, und die Personen, die von mir sprechen, sind bestimmt mehr als drei. Ich hoffe, dass Eure Majestät scharfsinnig bleibt.“

都城	dūchéng	（名词）	Hauptstadt
希望	xīwàng	（动词）	hoffen
明察	míngchá		scharfsinnig bleiben

Die Moral daraus

能不为谣言所惑的人，才是真正的智者。

Néng bùwèi yáoyán suǒ míhuò de rén, cáishì zhēnzhèng de zhìzhě.

Der Mensch, der durch kein Gerücht irregeführt werden kann, ist wahrhaftig klug.

谣言	yáoyán	（名词）	Gerücht
使迷惑	shǐ míhuò	（动词）	irreführen
真正的	zhēnzhèng de	（形容词）	wahrhaftig
聪明	cōngming	（形容词）	klug

多此一举

有一天，楚国有间庙宇的主人送给看守庙宇的几个人一壶酒喝。那些人便商议着如何分配这壶酒，其中有人提议道："若我们几个人都想喝这壶酒，势必不够喝，不如我们每人都在地上画条蛇，看谁先完成，谁就独享这壶酒，如何？"大家都赞同他的意见，蹲在地上开始画起蛇来。其中有个人先画好了，看到其他人还没画好，于是自作聪明，又在地上画了起来，并洋洋得意地说："我还能替蛇画出脚来呢！"在他还没把脚画完时，另外一个人已经画好了，说道："蛇本来没有脚，你为何还要给蛇添脚呢？"那人高高兴兴地喝着酒，而那替蛇添脚的人只有干瞪眼的份。

智慧小语

凡事不能做到恰到好处，不但徒劳无功，有时更会弄巧成拙。

全文注释

Doppelt gemoppelt

有一天，楚国有间庙宇的主人送给看守庙宇的几个人一壶酒喝。那些人便商议着如何分配这壶酒，其中有人提议道：

Yǒu yī tiān, Chǔguó yǒu jiān miàoyǔ de zhǔrén sònggěi kānshǒu miàoyǔ de jǐ gè rén yī hú jiǔ hē. Nà xiē rén biàn shāngyì zhe rúhé fēnpèi zhè hú jiǔ, qízhōng yǒu rén tíyì dào:

Im Staat Chu schenkte ein Tempelherr eines Tages einigen Tempelhütern eine Kanne Wein. Die Hüter besprachen, wie die Kanne Wein zu verteilen war. Einer von ihnen schlug vor:

几个	jǐgè	(代词)	einige
壶	hú	(名词)	Kanne
酒	jiǔ	(名词)	Wein
商议	shāngyì	(动词)	besprechen
分配	fēnpèi	(动词)	verteilen
提议	tíyì	(动词)	vorschlagen

“若我们几个人都想喝这壶酒，势必不够喝，不如我们每人都在地上画条蛇，看谁先完成，谁就独享这壶酒，如何？”

“Ruò wǒmén jǐ gè rén dōu xiǎng hē zhè hú jiǔ, shìbì bùgòu hē, bùrú wǒmén měi gè rén dōu zài dìshang huà tiáo shé, kàn shuí xiān wánchéng, shuí jiù dúxiǎng zhè hú jiǔ, rúhé?”

„Wenn wir alle diese Kanne Wein trinken wollten, reicht sie bestimmt nicht aus. Es wäre besser, dass wir alle auf dem Boden jeweils eine Schlange malen und sehen, wer als Erster mit dem Malen fertig ist, und er kann dann allein diese Kanne Wein genießen. Was meint ihr?“

够	gòu	(动词)	ausreichen
蛇	shé	(名词)	Schlange
完成	wánchéng	(动词)	fertig sein mit
享受	xiǎngshòu	(动词)	genießen
认为	rènwéi	(动词)	meinen

大家都赞同他的意见，蹲在地上开始画起蛇来。

Dàjiā dōu zàntóng tā de yìjian, dūnzài dìshang kāishǐ huàqǐ shé lái.

Alle stimmten ihm zu, hockten sich auf den Boden und begannen mit dem Zeichnen.

赞同	zàntóng	(动词)	zustimmen
蹲	dūn	(动词)	sich hocken

其中有个人先画好了，看到其他人还没画好，于是自作聪明，又在地上画了起来，并洋洋得意地说：

Qízhōng yǒu gè rén xiān huàhǎo le, kàndào qítā rén hái méi huàhǎo, yúshì zìzuò cōngming, yòu zài dìshang huàle qǐlái, bìng yángyáng-déyì de shuō:

Einer von ihnen war als Erster fertig. Er sah, dass die anderen noch nicht fertig waren, hielt sich für besonders klug und begann wieder auf dem Boden zu malen, und er sagte selbstgefällig vor sich hin:

洋洋得意的	yángyáng-déyì de	(形容词)	selbstgefällig
自作聪明	zìzuò cōngming		sich für klug halten

"我还能替蛇画出脚来呢！"在他还没把脚画完时，另外一个人已经画好了，说道：

"Wǒ háinéng tì shé huàchū jiǎo lái ne!" Zài tā hái méi bǎ jiǎo huàwán shí, lìngwài yí gè rén yǐjīng huàhǎo le, shuōdào:

„Ich kann der Schlange noch Füße hinzumalen." Als er mit den Füßen noch nicht fertig war, beendete ein anderer das Malen und sagte:

脚	jiǎo	（名词）	Fuß
结束	jiéshù	（动词）	beenden

"蛇本来没有脚，你为何还要给蛇添脚呢？"那人高高兴兴地喝着酒，而那替蛇添脚的人只有干瞪眼的份。

"Shé běnlái méiyǒu jiǎo, nǐ wèihé háiyào gěi shé tiān jiǎo ne?" Nà rén gāogāo-xìngxìng de hēzhe jiǔ, ér nà tì shé tiān jiǎo de rén zhǐyǒu gān dèngyǎn de fèn.

„Eine Schlange hat eigentlich keine Füße, warum wolltest du ihr noch Füße hinzufügen?" Dieser Mann trank hocherfreut den Wein, und der Mann, der seiner Schlange Füße hinzugefügt hatte, konnte nur ratlos zusehen.

本来	běnlái	（副词）	eigentlich
添加	tiānjiā	（动词）	hinzufügen
高兴的	gāoxìng de	（形容词）	hocherfreut
没办法的	méi bànfǎ de	（形容词）	ratlos

Die Moral daraus

凡事不能做到恰到好处，不但徒劳无功，有时更会弄巧成拙。

Fán shì bùnéng zuòdào qiàdào hǎochù, bùdàn túláo wú gōng, yǒushí gèng huì nòngqiǎo-chéngzhuó.

Wer sich bei irgendeiner Sache nie zufrieden geben kann, tut nicht nur etwas, was verlorene Liebesmüh ist, sondern erweist sich manchmal auch als neunmalklug.

满意	mǎnyì	（动词）	sich zufriedengeben
徒劳无功	túláo-wúgōng	（成语）	verlorene Liebesmüh
表明	biǎomíng	（动词）	sich erweisen
有时	yǒushí	（副词）	manchmal
自作聪明的	zì zuò cōngming de	（形容词）	neunmalklug

祸与福

有位住在国境边界的人，发现自己养的马中，有一匹马跑到邻国去了，当时知道这件事的人，都认为非常可惜，只有养马者的父亲非但毫不介意，反倒认为失去了一匹马，未尝不是好事。

过了几个月，以前走失的那匹马不但自己从邻国认路回来，更将邻国的骏马引了过来。人们知道了此事，又纷纷来向养马者致贺，然而养马者的父亲却说，这件好事说不定会带来不可预知的灾祸。

有一天，那养马者骑了从邻国跑过来的马，一不小心从马上摔落下来，跌断了一条腿，于是人们便前来慰问。他的父亲又是不介意，并且说儿子断了腿，说不定将因祸得福。

一年后，战事发生，邻国出兵侵略至养马者居住的地方，所有年轻力壮的青年均被征召入伍，许多人战死沙场。养马者却因为腿受了伤，所以能够幸免服役，因此保全了性命。

智慧小语

生命中的幸与不幸，看你的态度而定。

有位住在国境边界的人，发现自己养的马中，有一匹马跑到邻国去了，当时知道这件事的人，都认为非常可惜，只有养马者的父亲非但毫不介意，反倒认为失去了一匹马，未尝不是好事。

Yǒu wèi zhùzài guójìng biānjiè de rén, fāxiàn zìjǐ yǎng de mǎzhōng, yǒu yī pǐ mǎ pǎodào línluó qù le, dāngshí zhīdào zhè jiàn shì de rén, dōu rènwéi fēicháng de kěxī, zhǐyǒu yǎngmǎzhě de fùqin fēidàn háobù jièyì, fǎndào rènwéi shīqùle yī pǐ mǎ, wèicháng bùshì hǎoshì.

Ein Mann, der an der Landesgrenze lebte, fand, dass eines seiner eigenen Pferde in den Nachbarstaat gegangen war. Die Menschen, die davon erfuhren, fanden es sehr schade, bis auf seinen Vater, der es gar nicht ernst nahm, sondern im Gegenteil dazu meinte, dass der Verlust eines Pferdes nicht unbedingt eine schlechte Sache sei.

国境边界	guójìng biānjiè	（名词）	Landesgrenze
马	mǎ	（名词）	Pferd
邻国	línguó	（名词）	Nachbarstaat
可惜	kěxī	（副词）	schade
反倒	fǎndào		im Gegenteil
损失	sǔnshī	（名词）	Verlust
未尝	wèicháng		nicht unbedingt

过了几个月，以前走失的那匹马不但自己从邻国认路回来，更将邻国的骏马引了过来。

Guòle jǐ gè yuè, yǐqián zǒushī de nà pǐ mǎ bùdàn zìjǐ cóng línguó rènlù huílái, gèng jiāng línguó de jùnmǎ yǐnle lái.

Einige Monate später kam das verloren gegangene Pferd nicht nur von selbst aus dem Nachbarstaat zurück, sondern brachte auch noch ein Zuchtpferd mit.

回来	huílái	（动词）	zurückkommen
骏马	jùnmǎ	（名词）	Zuchtpferd
带来	dàilái	（动词）	mitbringen

人们知道了此事，又纷纷来向养马者致贺，然而养马者的父亲却说，这件好事说不定会带来不可预知的灾祸。

Rénmén zhīdàole cǐshì, yòu fēnfēn lái xiàng yǎngmǎzhě zhìhè, ránér yǎngmǎzhě de fùqin què shuō, zhè jiàn shì shuōbudìng huì dàilái bùkě yùzhī de zāihuò.

Als man davon erfuhr, kamen die Leute zum Pferdebesitzer, um ihn zu beglückwünschen. Doch der Vater des Pferdehüters sagte, dass dies möglicherweise zu einem unvorhersehbaren Unheil führen könnte.

致贺	zhìhè	（动词）	beglückwünschen
说不定	shuōbudìng	（副词）	möglicherweise
不可预知的	bùkě yùzhī de	（形容词）	unvorhersehbar
引来	yǐnlái	（动词）	führen zu

有一天，那养马者骑了从邻国跑过来的马，一不小心从马上摔落下来，跌断了一条腿，于是人们便前来慰问。

Yǒu yī tiān, nà yǎngmǎzhě qíle cóng línguó pǎoguolái de mǎ, yī bù xiǎoxīn cóng mǎshang shuāiluò xiàlái, diēduànle yī tiáo tuǐ, yúshì rénmén biàn qiánlái wèiwèn.

Eines Tages ritt der Pferdebesitzer auf dem aus dem Nachbarstaat zurückgekommenen Pferd, fiel vom Pferd und brach sich ein Bein. Darauf kam man, um ihn zu trösten und ihm gute Besserung zu wünschen.

跌落	diēluò	(动词)	fallen
折断	zhéduàn	(动词)	brechen
慰问	wèiwèn	(动词)	trösten

他的父亲又是不介意，并且说儿子断了腿，说不定将因祸得福。

Tā de fùqin yòu shì bù jièyì, bìngqiě shuō érzi duànle tuǐ, shuōbudìng jiāng yīn huò dé fú.

Sein Vater nahm dies wieder nicht ernst und meinte, dass der Beinbruch des Sohnes möglicherweise das Unheil ins Glück verwandeln würde.

介意	jièyì	(动词)	ernst nehmen
因祸得福	yīnhuò-défú	das Unheil ins Glück verwandeln	

一年后，战事发生，邻国出兵侵略至养马者居住的地方，所有年轻力壮的青年均被征召入伍，许多人战死沙场。

Yī nián hòu, zhànshì fāshēng, língguó chūbīng qīnlüè zhì yǎngmǎzhě jūzhù de dìfang, suǒyǒu niánqīng lìzhuàng de qīngnián jūn bèi zhēngzhāo rùwǔ, xǔduō rén zhànsǐ shāchǎng.

Ein Jahr später brach ein Krieg aus, der Nachbarstaat entsandte Truppen und attackierte das Land bis zur Grenze, wo der Pferdebesitzer lebte. Alle jungen Leute wurden in die Armee eingezogen, viele von ihnen starben auf dem Schlachtfeld.

爆发	bàofā	(动词)	ausbrechen

战争	zhànzhēng	（名词）	Krieg
派遣	pàiqiǎn	（动词）	entsenden
进攻	jìngōng	（动词）	attackieren
死亡	sǐwáng	（动词）	sterben
沙场	shāchǎng	（名词）	Schlachtfeld

养马者却因为腿受了伤，所以能够幸免服役，因此保全了性命。

Yǎngmǎzhě què yīnwèi tuǐ shòule shāng, suǒyǐ nénggòu xìngmiǎn fúyì, yīncǐ bǎoquánle xìngmìng.

Der Pferdebesitzer wurde infolge des verletzten Beins nicht eingezogen und blieb am Leben.

由于	yóuyú	（介词）	infolge
受伤的	shòushāng de	（形容词）	verletzt
腿	tuǐ	（名词）	Bein
生命	shēngmìng	（名词）	Leben

Die Moral daraus

生命中的幸与不幸，看你的态度而定。

Shēngmìng zhōng de xìng yǔ bùxìng, kàn nǐ de tàidù ér dìng.

Glück und Unglück im Leben werden durch deine Haltung bestimmt.

幸福	xìngfú	（名词）	Glück
不幸	bùxìng	（名词）	Unglück
决定	juédìng	（动词）	bestimmen

表里不一

战国时期，有个客栈的老板嬴氏，有一天遇上一个要到卫国去的客人阳处文，那天阳处文就住在嬴氏的客栈里。嬴氏看阳处文相貌不凡，举止稳健、端庄，认为他必是位正经人士，因此很想与他结交，第二天便跟着他一起走。他们一路上边走边聊，但到了温山，嬴氏突然又折了回来。

嬴氏的朋友问道："既然你遇上了正经的人，为什么不跟随他，还折回来呢？"嬴氏答道："我起初看他相貌堂堂、和蔼可亲，便想和他交往，但是后来在一路上的交谈中，我发现他和他的外表恰恰相反，因而萌生厌恶的念头。

"光从一个人的面貌和言语并不能看出一个人的内在。我听阳处文的谈话，发现他总是试着用言语来掩饰他的短处，并且性情极为高傲、自夸、不以仁义为根本，一味想占他人便宜，言行不符，我怕跟他在一起，非但得不到他的好处，反倒受他的坏处所连累，因而才想半途和他分手。"

一个人所说的话和所做的事完全是两回事，满嘴仁义道德，但却做尽损人利己之事。这种"言行不符"的人，实在不值得与他交朋友，否则受害的将是自己。

智慧小语

莎士比亚说:“外表往往与事实本身不符,世人却容易被表面的修饰所欺骗。”

全文注释

Sein und Schein

战国时期，有个客栈的老板嬴氏，有一天遇上一个要到卫国去的客人阳处文，那天阳处文就住在嬴氏的客栈里。

Zhànguó shíqī, yǒu gè kèzhàn de lǎobǎn Yíngshì, yǒu yī tiān yùshàngle yī gè yào dào wèiguó qù de kèrén Yáng Chǔwén, nà tiān Yáng Chǔwén jiù zài Yíngshì de kèzhàn li.

Während der Periode der Streitenden Reiche gab es einen Inhaber einer Gaststätte, der Yingshi hieß. Eines Tages wollte ein Gast namens Yang Chuwen sich in den Staat Wei begeben und kehrte gerade in Yingshis Gaststätte ein.

老板	lǎobǎn	(名词)	Inhaber
客栈	kèzhàn	(名词)	Gaststätte
前往	qiánwǎng	(动词)	sich begeben
投宿	tóusù	(动词)	einkehren

嬴氏看阳处文相貌不凡，举止稳健、端庄，认为他必是位正经人士，因此很想与他结交，第二天便跟着他一起走。

Yíngshì kàn Yáng Chǔwén xiàngmào bù fán, jǔzhǐ wěnjiàn, duānzhuāng, rènwéi tā bì shì wèi zhèngjǐng rénshì, yīncǐ hěn xiǎng yǔ tā jiéjiāo, dì-èr tiān biàn gēnzhe tā yīqǐ zǒu.

Yingshi fand, dass Yang Chuwen außergewöhnlich gut aussah und sich besonnen und würdevoll benahm, und glaubte, dass er bestimmt eine anständige Person sei. So wollte er sich sehr gern mit ihm anfreunden. Schon am nächsten Tag ging er mit ihm zusammen.

非凡的	fēifán de	（形容词）	außergewöhnlich
稳健的	wěnjiàn de	（形容词）	besonnen
端庄的	duānzhuāng de	（形容词）	würdevoll
举止	jǔzhǐ	（动词）	sich benehmen
正经的， 正派的	zhèngjǐng de, zhèngpài de	（形容词）	anständig
结交	jiéjiāo	（动词）	sich mit jm. anfreunden

他们一路上边走边聊，但到了温山，嬴氏突然又折了回来。

Tāmén yīlùshang biān zǒu biān liáo, dàn dàole Wēnshān, Yíngshì tūrán yòu zhéle huílái.

Sie gingen und unterhielten sich unterwegs, aber in Wenshan angekommen, kehrte Yingshi plötzlich wieder zurück.

聊天	liáotiān	（动词）	sich unterhalten
到达	dàodá	（动词）	ankommen
回来	huílái	（动词）	zurückkehren.

嬴氏的朋友问道："既然你遇上了正经的人，为什么不跟随他，还折回来呢？"

Yíngshì de péngyou wèndào: "Jìrán nǐ yùshàngle zhèngjǐng de rén, wèi shénme bù gēnsuí tā, hái zhé huílái ne?"

Einer von Yingshis Freunden fragte: „Da du mit einem anständigen Menschen zu tun hast, warum folgst du ihm nicht weiter, sondern kehrst zurück?“

跟随	gēnsuí	（动词）	folgen
继续	jìxù	（副词）	weiter

嬴氏答道："我起初看他相貌堂堂、和蔼可亲，便想和他交往，但是后来在一路上的交谈中，我发现他和他的外表恰恰相反，因而萌生厌恶的念头。

Yíngshì dádào: "Wǒ qǐchū kàn tā xiàngmào tángtáng, hé'ǎi kěqīn, biàn xiǎng hé tā jiāowǎng, dànshì hòulái zài yīlùshang de jiāotán zhōng, wǒ fāxiàn tā hé tā de wàibiǎo qiàqià xiāngfǎn, yīn'ér méngshēng yànwù de niàntóu.

Yingshi antwortete: „Anfangs sah ich sein gutes und freundliches Aussehen und wollte mit ihm umgehen. Aber später habe ich durch die Unterhaltung unterwegs herausgefunden, dass er ganz anders als sein Aussehen ist. So ist ein Widerwille in mir aufgekommen.

起初	qǐchū	（副词）	anfangs
相貌，外表	xiàngmào, wàibiǎo	（名词）	Aussehen
交往	jiāowǎng	（动词）	umgehen mit
发现	fāxiàn	（动词）	herausfinden
厌恶	yànwù	（名词）	Widerwille
萌生	méngshēng	（动词）	aufkommen

光从一个人的面貌和言语并不能看出一个人的内在。我听阳处文的谈话，发现他总是试着用言语来掩饰他的短处，并且性情极为高傲、自夸、不以仁义为根本，一味想占他人便宜，言行不符，我怕跟他在一起，非但

得不到他的好处，反倒受他的坏处所连累，因而才想半途和他分手。”

“Guāng cóng yī gè rén de miànmào hé yányǔ bìng bùnéng kànchū yī gè rén de nèizài. Wǒ tīng Yáng Chǔwén de tánhuà, fāxiàn tā zǒngshì shìzhe yòng yányǔ lái yǎnshì tā de duǎnchù, bìngqiě xìngqíng jíwéi gāo'ào, zìkuā, bù yǐ rényì wéi gēnběn, yī wèi xiǎng zhàn tā rén piányi, yánxíng bù fǔ, wǒ pà gēn tā zài yīqǐ, fēidàn débudào tā de hǎochù, fǎndào shòu tā de huàichù suǒ liánlèi, yīn'ér cái xiǎng bàntú hé tā fēnshǒu.”

„Allein am Aussehen und Sprechen eines Menschen kann man sein Inneres nicht erkennen. Im Gespräch mit ihm habe ich entdeckt, dass er immer versucht hat, seine Mängel mit seinen Worten zu verdecken. Außerdem ist er in seiner Natur sehr überheblich und selbstgefällig, achtet die Gerechtigkeit nicht als Grundlage, strebt immer wieder danach, andere zu übervorteilen, und seine Worte entsprechen seinen Taten nicht. Ich fürchte, dass ich nur deswegen, weil ich mit ihm zusammen bin, durch seine Übel in Mitleidenschaft gezogen würde, anstatt Vorteile von ihm zu bekommen. Deshalb trennte ich mich auf halbem Weg von ihm.“

看出，认识	kànchū, rènshi	（动词）	erkennen
发现	fāxiàn	（动词）	entdecken
试图	shìtú	（动词）	versuchen
短处，缺点	duǎnchù, quēdiǎn	（名词）	Mangel
遮掩	zhēyǎn	（动词）	verdecken
性情	xìngqíng	（名词）	Natur
高傲的	gāo'ào de	（形容词）	überheblich
自夸的	zìkuā de	（形容词）	selbstgefällig
仁义，正义	rényì, zhèngyì	（名词）	Grerechtigkeit
根本	gēnběn	（名词）	Grundlage
占…的便宜	zhàn...de piányi	（动词）	übervorteilen

符合	fǔhé	（动词）	entsprechen
怕，担心	pà, dānxīn	（动词）	fürchten
坏处	huàichù	（名词）	Übel
使受到连累	shǐ shòudào liánlèi		jn. in Mitleidenschaft ziehen
好处	hǎochù	（名词）	Vorteil
分手	fēnshǒu	（动词）	sich trennen

一个人所说的话和所做的事完全是两回事，满嘴仁义道德，但却做尽损人利己之事。这种“言行不符”的人，实在不值得与他交朋友，否则受害的将是自己。

Yī gè rén suǒ shuō de huà hé suǒ zuò de shì wánquán shì liǎng huí shì, mǎn zuǐ rényì dàodé, dàn què zuòjìn sǔnrén lìjǐ zhī shì. Zhè zhǒng “yánxíng bù fǔ” de rén, shízài bù zhídé yǔ tā jiāo péngyou, fǒuzé shòu hài de jiāng shì zìjǐ.

Wenn Worte und Taten eines Menschen ganz verschieden sind, wenn man nur Gerechtigkeit und Tugend im Munde führt, in der Tat aber nur auf Kosten anderer sich selbst Vorteile verschafft, so lohnt es sich wirklich nicht, sich mit solch einem Menschen, bei dem Worte Taten nicht entsprechen, anzufreunden, sonst trägt man selbst nur Schaden davon.

完全	wánquán	（副词）	ganz
两回事，不同的	liǎng huí shì, bùtóng de	（形容词）	verschieden
道德	dàodé	（名词）	Tugend
嘴	zuǐ	（名词）	Mund
损人利己	sǔnrén-lìjǐ		auf Kosten anderer sich selbst Vorteile verschaffen
值得	zhídé	（动词）	sich lohnen
损害	sǔnhài	（名词）	Schaden

Die Moral daraus

莎士比亚说:“外表往往与事实本身不符,世人却容易被表面的修饰所欺骗。”

Shāshìbǐyà shuō: “Wàibiǎo wǎngwǎng yǔ shìshí bù fǔ, shìrén què róngyì bèi biǎomiàn de xiūshì suǒ qīpiàn.”

Shakespeare hat mit Recht gesagt: „Das Äußerliche entspricht oft nicht den Tatsachen, ein Weltlicher wird leicht durch oberflächliches Vertuschen betrogen.“

容易的	róngyì de	(形容词)	leicht
表面的	biǎomiàn de	(形容词)	oberflächlich
掩饰,隐瞒	yǎnshì, yǐnmán	(名词)	Vertuschen
欺骗	qīpiàn	(动词)	betrügen

珠宝与盒子

春秋时代，楚国有位专售珠宝的商人。有一次，他到齐国去兜售珠宝。为了使生意能够好些，特用名贵的木料制成许许多多小盒子，然后再把珠宝放在里面。这些盒子不但雕刻、装饰得精致美丽，而且还能散发出一股香味。

有一个郑国人，看见那装珠宝的盒子既精致又美丽，问明了价钱之后，就买了一个，打开盒子，将里面的珠宝拿出来，退还给珠宝商。这个郑国人，只知道盒子好看，却不知那珠宝的价值要比盒子的价值高出许多倍！

智慧小语

人往往只看见外表的华丽，便认为那样东西就是好的，而忘了实在的内容更重要。

Juwelen und Schatulle

春秋时代，楚国有位专售珠宝的商人。有一次，他到齐国去兜售珠宝。

Chūnqiū shídài, Chǔguó yǒu wèi zhuān shòu zhūbǎo de shāngrén. Yǒu yī cì, tā dào Qíguó qù dōushòu zhūbǎo.

Während der Frühlings- und Herbstperiode gab es im Staat Chu einen Juwelier, der einmal in den Staat Qi kam, um seine Juwelen zu verkaufen.

珠宝商	zhūbǎoshāng	（名词）	Juwelier
珠宝	zhūbǎo	（名词）	Juwele
卖	mài	（动词）	verkaufen

为了使生意能够好些，特用名贵的木料制成许许多多小盒子，然后再把珠宝放在里面。

Wèile shǐ shēngyì nénggòu hǎo xiē, tè yòng míngguì de mùliào zhìchéng xǔxǔ-duōduō xiǎo hézi, ránhòu zài bǎ zhūbǎo fàngzài lǐmian.

Um den Absatz zu fördern, ließ er eine Anzahl von Schatullen aus edlem Holz anfertigen, in welche die Juwelen gelegt wurden.

销路	xiāolù	（名词）	Absatz
首饰盒	shǒushìhé	（名词）	Schatulle
名贵的	míngguì de	（形容词）	edel
木材	mùcái	（名词）	Holz

这些盒子不但雕刻、装饰得精致美丽，而且还能散发出一股香味。

Zhè xiē hézi bùdàn diāokè, zhuāngshì de jīngzhì měilì, érqiě hái néng sànfāchū yī gǔ xiāngwèi.

Die Schachteln waren nicht nur fein und schön geschnitzt und geschmückt, sondern verbreiteten auch einen angenehmen Duft.

盒子	hézi	（名词）	Schachtel
精致的	jīngzhì de	（形容词）	fein
美丽的	měilì de	（形容词）	schön
雕刻	diāokè	（动词）	schnitzen
装饰	zhuāngshì	（动词）	schmücken
散发	sànfā	（动词）	verbreiten
香味	xiāngwèi	（名词）	Duft

有一个郑国人，看见那装珠宝的盒子既精致又美丽，问明了价钱之后，就买了一个，打开盒子，将里面的珠宝拿出来，退还给珠宝商。

Yǒu yī gè Zhèngguórén, kànjiàn nà zhuāng zhūbǎo de hézi jì jīngzhì yòu měilì, wènmíngle jiàqián zhī hòu, jiù mǎile yī gè, dǎkāi hézi, jiāng lǐmian de zhūbǎo ná chūlái, tuìhuán gěi zhūbǎoshāng.

Ein Mann aus dem Staat Zheng fand die Schatullen mit den Juwelen schön. Er fragte nach dem Preis und kaufte eine Schatulle. Er öffnete die Schatulle, nahm die Juwelen heraus und gab sie dem Juwelier zurück.

价钱	jiàqián	（名词）	Preis
打开	dǎkāi	（动词）	öffnen
退还	tuìhuán	（动词）	zurückgeben

这个郑国人，只知道盒子好看，却不知那珠宝的价值要比盒子的价值高出许多倍！

Zhè gè Zhèngguórén, zhǐ zhīdào hézi hǎokàn, què bùzhī nà zhūbǎo de jiàzhí yào bǐ hézi de jiàzhí gāochū xǔduō bèi!

Dieser Mann aus Zheng wusste nur, dass die Schachtel schön war, aber nicht, dass die Juwelen ein Vielfaches teurer als die Schachtel waren.

多倍的	duō bèi de	（形容词）	vielfach
贵的	guì de	（形容词）	teuer

Die Moral daraus

人往往只看见外表的华丽，便认为那样东西就是好的，而忘了实在的内容更重要。

Rén wǎngwǎng zhǐ kànjiàn wàibiǎo de huálì, biàn rènwéi nàyàng dōngxi jiùshì hǎo de, ér wàngle shízài de nèiróng gèng zhòngyào.

Man sieht oft nur die äußere Schönheit und schlussfolgert daraus, dass dieses Ding bestimmt gut sei. Man vergisst leicht, dass der Inhalt manchmal viel wertvoller ist als die Aufmachung.

华丽	huálì	（名词）	Schönheit
认为，推断出	rènwéi, tuīduànchū	（动词）	schlussfolgern
忘记	wàngjì	（动词）	vergessen
内容	nèiróng	（名词）	Inhalt
宝贵的	bǎoguì de	（形容词）	wertvoll

抛砖引玉

唐代有个姓赵的人，他的诗写得很好，当时的大诗人杜牧非常喜欢读他的诗，尤其是他那句“长笛一声人倚楼”。因此人们又称他为赵倚楼。

同一时期也有个名诗人常建，素来仰慕赵倚楼的诗才。有一次赵来到吴地，常建便料想赵一定会游览灵严寺，为了想要得到赵的诗句，便先在寺中的墙上题了两句诗。后来赵果然来游灵严寺，看到墙上只有两句诗，便信手接了两句，续成了一首完整的诗。

常建的诗虽不及赵，但他不但不嫉妒赵，反而设法引出赵的佳句，留给后人欣赏。

智慧小语

能欣赏别人的才华并加以引导发挥的人，是个心胸宽大的智者。

唐代有个姓赵的人，他的诗写得很好，当时的大诗人杜牧非常喜欢读他的诗，尤其是他那句“长笛一声人倚楼”。因此人们又称他为赵倚楼。

Tángdài yǒu gè xìng zhào de rén, tā de shī xiě de hěnhǎo, dāngshí de dà shīrén Dù Mù fēicháng xǐhuān dú tā de shī, yóuqí shì nà jù “Chángdí yī shēng rén yǐ lóu”. Yīncǐ rénmén yòu chēng tā wéi Zhào Yǐlóu.

In der Tang-Dynastie gab es einen Mann namens Zhao, der gute Gedichte verfasste. Sein Zeitgenosse, der große Dichter Du Mu, las seine Gedichte sehr gern, sein Vers „Lehne mich beim Flötenspiel am Pavillon an“ gefiel ihm besonders. Eben aus diesem Grund nannte man ihn auch „Yilou“, was wörtlich „sich am Pavillon anlehnen“ bedeutete.

诗	shī	(名词)	Gedicht
写作	xiězuò	(动词)	verfassen
倚靠	yǐkào	(动词)	sich anlehnen
吹笛	chuīdí	(名词)	Flötenspiel
楼阁	lóugé	(名词)	Pavillon
喜欢	xǐhuān	(动词)	gefallen
特别	tèbié	(副词)	besonders

同一时期也有个名诗人常建，素来仰慕赵倚楼的诗才。有一次赵来到吴地，常建便料想赵一定会游览灵严寺，为了想要得到赵的诗句，便先在寺中的墙上题了两句诗。

Tóng yī shíqī yě yǒu gè míng shīrén Cháng Jiàn, sùlái yǎngmù Zhào Yǐlóu de shīcái. Yǒu yī cì Zhào láidào Wúdì, Chángjiàn biàn liàoxiǎng Zhào yī dìng huì yóulǎn Língyánsì, wèile xiǎng yào dédào Zhào de shījù, biàn xiān zài sìzhōng de qiángshang tíle liǎng jù shī.

Chang Jian, ebenfalls ein berühmter Dichter seiner Zeit, bewunderte seit langem Zhaos Talent für die Dichtung. Einmal kam Zhao nach Wudi. Chang Jian vermutete, dass Zhao bestimmt den Lingyan-Tempel dort besuchen würde. Um ein Gedicht von Zhao zu bekommen, schrieb Chang Jian erst zwei Verse an die Wand des Tempels.

同样	tóngyàng	（副词）	ebenfalls
著名的	zhùmíng de	（形容词）	berühmt
欣赏	xīnshǎng	（动词）	bewundern
才华	cáihuá	（名词）	Talent
料想，猜测	liàoxiǎng, cāicè	（动词）	vermuten
游览	yóulǎn	（动词）	besuchen
寺庙	sìmiào	（名词）	Tempel
诗句	shījù	（名词）	Vers

后来赵果然来游灵严寺，看到墙上只有两句诗，便信手接了两句，续成了一首完整的诗。

Hòulái Zhào guǒrán lái yóu Língyánsì, kàndào qiángshang zhǐyǒu liǎng jù shī, biàn xìnshǒu jiēle liǎng jù, xùchéngle yī shǒu wánzhěng de shī.

Später kam Zhao tatsächlich in den Lingyan-Tempel. Er sah an der Wand nur zwei Verse und schrieb mit leichter Hand einfallsreich zwei weitere Verse. So wurde ein vollständiges Gedicht vollendet.

果真	guǒzhēn	（形容词）	tatsächlich
信手	xìnshǒu		mit leichter Hand
完整的	wánzhěng de	（形容词）	vollständig
完成	wánchéng	（动词）	vollenden

常建的诗虽不及赵，但他不但不嫉妒赵，反而设法引出赵的佳句，留给后人欣赏。

Chángjiàn de shī suī bùjí Zhào, dàn tā bùdàn bù jìdù Zhào, fǎn'ér shèfǎ yǐnchū Zhào de jiājù, liúgěi hòurén xīnshǎng.

Chang Jian konnte sich im Dichten zwar nicht mit Zhao messen, aber er beneidete Zhao nicht, sondern versuchte mit allen Mitteln, Zhao anzuregen, schöne Verszeilen für die Nachkommenschaft zu schreiben.

不及	bùjí	（动词）	sich nicht mit jm. messen können
嫉妒	jìdù	（动词）	beneiden
设法	shèfǎ	（动词）	mit allen Mitteln versuchen
引起，激发	yǐnqǐ, jīfā	（动词）	anregen
后人，后代	hòurén hòudài	（名词）	Nachkommenschaft

Die Moral daraus

能欣赏别人的才华并加以引导发挥的人，是个心胸宽大的智者。

Néng xīnshǎng biéren de cáihuá bìng jiāyǐ yǐndǎo fāhuī de rén, shì gè xīnxiōng kuàndà de zhìzhě.

Wer anderer Telent bewundern und dies zur vollen Geltung bringen kann, ist ein großzügiger Weiser.

欣赏	xīnshǎng	（动词）	bewundern
发挥	fāhuī		zur Geltung bringen
心胸宽广的	xīnxiōng kuānguǎng de	（形容词）	großzügig
智者	zhìzhě	（名词）	Weiser

狼与狈

狼与狈时常一起出来偷吃农人的牲畜或农作物。有一次，狼与狈来到一个农户人家的羊圈外头，打算偷羊。然而，羊圈很高又坚固，它们既跳不过去，又没法撞倒，不知如何才好。想了一会儿，终于有一个主意，就是让狼骑在狈的脖子上，然后再用狈的两条修长的后腿直立起来，将狼驮得很高；于是狼使用它的两条长的前腿，攀住了羊圈，将羊拖走。

在这个偷羊的过程当中，若是只有狼或狈，一定没法将羊圈里的羊拖走；然而这两只野兽，竟彼此运用自己天生的长处，一个用前腿，另一个则用后腿，互相合作，终于达成了它们的阴谋。

智慧小语

一个成功的团队来自于每一个成员发挥自己的长处，并互相协调、互补、合作。

狼与狈时常一起出来偷吃农人的牲畜或农作物。有一次，狼与狈来到一个农户人家的羊圈外头，打算偷羊。

Láng yǔ Bèi shícháng yīqǐ chūlai tōuchī nóngrén de shēngchù huò nóngzuòwù. Yǒu yī cì, Láng yǔ Bèi láidào yī gè nónghù rénjiā de yángjuàn wàitou, dǎsuàn tōu yáng.

Wölfe und Wolfstiere (eine Art von Fabeltieren) kamen oft gemeinsam, um Tiere oder Pflanzen von den Bauern zu stehlen. Eines Tages kamen ein Wolf und ein Wolfstier vor den Schafstall eines Bauernhofes und wollten Schafe stehlen.

狼	láng	（名词）	Wolf
一起	yīqǐ	（副词）	gemeinsam
农民	nóngmín	（名词）	Bauer
偷	tōu	（动词）	stehlen
羊圈	yángjuàn	（名词）	Schafstall
羊	yáng	（名词）	Schaf

然而，羊圈很高又坚固，它们既跳不过去，又没法撞倒，不知如何才好。

Rán'ér, yángjuàn hěn gāo yòu jiāngù, tāmen jì tiàobuguòqù, yòu méifǎ zhuàngdǎo, bùzhī rúhé cái hǎo.

Aber der Pferch war so hoch und fest, dass sie weder hineinspringen noch den Pferch zu Fall bringen konnten. Sie wussten sich keinen Rat mehr.

羊栏	yánglán	（名词）	Pferch

高的	gāo de	（形容词）	hoch
坚固的	jiāngù de	（形容词）	fest
跳进去	tiàojìnqu	（动词）	hineinspringen
撞倒	zhuàngdǎo		zu Fall bringen

想了一会儿，终于有一个主意，就是让狼骑在狈的脖子上，然后再用狈的两条修长的后腿直立起来，将狼驮得很高；

Xiǎngle yī huìr, zhōngyú yǒu yī gè zhúyì, jiùshì ràng Láng qízài Bèi de Bózi shang, ránhòu zài yòng Bèi de liǎng tiáo xiūcháng de hòutuǐ zhílì qǐlái, jiāng Láng tuóde hěn gāo;

Nach einem Weilchen Nachdenken kamen sie auf eine Idee: Der Wolf stieg auf den Nacken des Wolfstiers, bevor das letztere auf den beiden langen Hinterbeinen aufstand und der Wolf in die Höhe hob.

脖子	bózi	（名词）	Nacken
后腿	hòutuǐ	（名词）	Hinterbein
举起	jǔqǐ	（动词）	heben

于是狼使用它的两条长的前腿，攀住了羊圈，将羊拖走。

Yúshì Láng shǐyòng tā de liǎng tiáo cháng de qiántuǐ, pānzhùle yángjuàn, jiāng yáng tuōzǒu.

Danach klammerte der Wolf sich mit seinen zwei langen Vorderbeinen an den Pferch und packte ein Schaf.

攀住	pānzhù	（动词）	sich klammern
揪住	jiūzhù	（动词）	packen

在这个偷羊的过程当中，若是只有狼或狈，一定没法将羊圈里的羊拖走；

Zài zhè gè tōu yáng de guòchéng dāngzhōng, ruò shì zhǐyǒu Láng huò Bèi, yīdìng méifǎ jiāng yángjuànli de yáng tuōzǒu;

Während dieses Schafdiebstahls wäre es dem Wolf oder dem Wolfstier allein bestimmt nicht gelungen, das Schaf zu stehlen.

然而这两只野兽，竟彼此运用自己天生的长处，一个用前腿，另一个则用后腿，互相合作，终于达成了它们的阴谋。

Rán'ér zhè liǎng zhī yěshòu, jìng bǐcǐ yùnyòng zìjǐ tiānshēng de chángchù, yī gè yòng qiántuǐ, lìng yī gè zé yòng hòutuǐ, hùxiāng hézuò, zhōngyú dáchéngle tāmen de yīnmóu.

Die beiden Tiere benutzten jeweils ihre eigenen von Natur aus entstandenen Vorteile, eines mit den langen Vorderbeinen und das andere mit langen Hinterbeinen, und arbeiteten bei ihrem Plan zusammen.

运用	yùnyòng	（动词）	benutzen
自己的	zìjǐ de	（形容词）	eigen
长处	chángchù	（名词）	Vorteil
合作	hézuò	（动词）	zusammenarbeiten

Die Moral daraus

一个成功的团队来自于每一个成员发挥自己的长处，并互相协调、互补、合作。

Yí gè chénggōng de tuánduì láizìyú měi yī gè chéngyuán fāhuī zìjǐ de chángchù, bìng hùxiāng xiétiáo, hùbǔ, hézuò.

Der Erfolg eines Teams ist auf die Entfaltung des Vorteiles jedes Mitglieds, auf Koordination, Ergänzung und Kooperation zurückzuführen.

成功	chénggōng	（名词）	Erfolg
团队	tuánduì	（名词）	Team
发挥	fāhuī	（名词）	Entfaltung
成员	chéngyuán	（名词）	Mitglied
协调	xiétiáo	（名词）	Koordination
补充	bǔchōng	（名词）	Ergänzung
合作	hézuò	（名词）	Kooperation

共存亡

孔融是汉朝时辅佐汉献帝治理国事的大臣，当时独揽大权的曹操，很嫉妒孔融的才能，把一些莫须有的罪名加在他身上，要汉献帝把孔融抄家问斩。

当时孔融有两个孩子，大的九岁，小的八岁。孔融以获罪是自己的事，应该由他一人来承担，不要连累了孩子们为由，向钦差求情给予通融，保留两个幼子的性命。这两个孩子年纪虽小，却相当聪明，知道父亲将被杀，居住的房屋被封以后，就算留住自己的性命，将来的命运也不堪设想，于是就向钦差说了个比喻：一个在树上的鸟巢遭人翻覆，巢中的卵从高处坠下，不会有一个是完好的。他们说了这个比喻，为的就是愿意和父亲同生共死。

智慧小语

整个团体如果遭到覆灭，个体也不能幸免。

全文注释

Auf Gedeih und Verderb

孔融是汉朝时辅佐汉献帝治理国事的大臣，当时独揽大权的曹操，很嫉妒孔融的才能，把一些莫须有的罪名加在他身上，要汉献帝把孔融抄家问斩。

Kǒng Róng shì Hàncháo shí fǔzuǒ Hàn Xiàndì zhìlǐ guóshì de dàchén, dāngshí dúlǎn dàquán de Cāo Cāo, hěn jìdu Kǒng Róng de cáinéng, bǎ yī xiē mòxūyǒu de zuìmíng jiāzài tā shēnshang, yào Hàn Xiàndì bǎ Kǒng Róng chāojiā wènzhǎn.

Kong Rong war während der Han-Dynastie ein bedeutender Minister, der dem Kaiser Xiandi bei der Erledigung von Staatsangelegenheiten beistand. Cao Cao, der zu seiner Zeit wichtige Machtbefugnisse an sich gerissen hatte, beneidete Kong infolge dessen Talente sehr, schob ihm einige aus dem Nichts gegriffene Straftaten zu und verlangte vom Kaiser, Kongs Haus zu konfiszieren und Kong hinzurichten.

治理	zhìlǐ	（名词）	Erledigung
国事	guóshì	（名词）	Staatsangelegenheit
辅佐	fǔzuǒ	（从此）	beistehen
权力	quánlì	（名词）	Machtbefugnis
莫须有的	mò xūyǒu de	（形容词）	aus dem Nichts gegriffen
掠夺（某物）	lüèduó	（动词）	etw. an sich reißen
罪名	zuìmíng	（名词）	Straftat
推诿	tuīwěi	（动词）	zuschieben
要求	yāoqiú	（动词）	verlangen
查抄	chāchāo	（动词）	konfiszieren
处死	chǔsǐ	（动词）	hinrichten

当时孔融有两个孩子，大的九岁，小的八岁。孔融以获罪是自己的事，应该由他一人来承担，不要连累了孩子们为由，向钦差求情给予通融，保留两个幼子的性命。

Dāngshí Kǒng Róng yǒu liǎng gè háizi, dà de jiǔ-suì, xiǎo de bā-suì. Kǒng Róng yǐ huòzuì shì zìjǐ de shì, yīnggāi yóu tā yī rén lái chéngdān, bùyào liánlèile háizimen wéi yóu, xiàng qīnchāi qiúqíng gěiyǔ tōngróng, bǎoliú liǎng gè yòuzǐ de xìngmìng.

Kong Rong hatte zwei Kinder, einen neun, das andere acht Jahre alt. Im Glauben, dass er allein die Bestrafung, die seine eigene Sache sei, in Kauf nehmen sollte, bat er den kaiserlichen Bevollmächtigten, eine Ausnahme zu machten und die beiden jungen Söhne am Leben zu lassen, damit die Kinder nicht in Mitleidenschaft gezogen würden.

承担某事	chēngdān mǒushì	（动词）	etw. in Kauf nehmen
请求	qǐngqiú	（动词）	bitten
钦差	qīnchāi		kaiserlicher Bevollmächtigter
例外	lìwài	（名词）	Ausnahme
通融	tōngróng		eine Ausnahme machen
性命	xìngmìng	（名词）	Leben
连累	liánlèi		in Mitleidenschaft ziehen

这两个孩子年纪虽小，却相当聪明，知道父亲将被杀，居住的房屋被封以后，就算留住自己的性命，将来的命运也不堪设想，于是就向钦差说了个比喻：

Zhè liǎng gè háizi niánjì suī xiǎo, què xiāngdāng cōngming, zhīdào fùqin jiāng bèi shā, jūzhù de fángwū bèi fēng yǐhòu, jiù suàn liúzhù zìjǐ de xìngmìng, jiānglái de mìngyùn yě bùkān shèxiǎng, yúshì jiù xiàng qīnchāi shuōle gè bǐyù:

Die beiden Kinder waren beide sehr jung, aber sehr klug, sie wussten, dass der Vater bald hingerichtet würde und dass ihr künftiges Schicksal, auch wenn sie selber am Leben bleiben konnten, nach Beschlagnahme des Hauses undenkbar sei. So machten sie dem kaiserlichen Bevollmächtigten einen Vergleich:

将来的	jiānglái de	(形容词)	künftig
命运	mìngyùn	(名词)	Schicksal
查封	cháfēng	(名词)	Beschlagnahme
不堪设想， 不能想象的	bùkān shèxiǎng, bùnéng xiǎngxiàng de	(形容词)	undenkbar
比喻	bǐyù	(名词)	Vergleich

一个在树上的鸟巢遭人翻覆，巢中的卵从高处坠下，不会有一个是完好的。他们说了这个比喻，为的就是愿意和父亲同生共死。

Yī gè zài shùshang de niǎocháo zāo rén fānfù, cháozhong de luǎn cóng gāochù zhuìxia, bùhuì yǒu yī gè shì wánhǎo de. Tāmen shuōle zhè gè bǐyù, wèi de jiùshì yuànyì hé fùqin tóngshēng-gòngsǐ.

Wenn ein Vogelnest von dem Baum gestürzt würde und die Eier aus der Höhe herabgefallen wären, bleibt kein einziges Ei unversehrt. Mit diesem Vergleich wollten sie zum Ausdruck bringen, dass sie bereit seien, mit dem Vater das Schicksal auf Leben oder Tod und auf Gedeih und Verderb zu teilen.

鸟巢	niǎocháo	(名词)	Vogelnest
坠落	zhuìluò	(动词)	herabfallen
完好的	wánhǎo de	(形容词)	unversehrt
愿意	yuànyì	(动词)	bereit sein
同生共死	tōngshēng-gòngsǐ		auf Leben oder Tod und auf Gedeih und Verderb

Die Moral daraus

整个团体如果遭到覆灭，个体也不能幸免。

Zhěng gè tuántǐ rúguǒ zāodào fùmiè, gètǐ yě bùnéng xìngmiǎn.

Wenn das Ganze vernichtet wird, kann das Einzelne unmöglich unversehrt bleiben.

覆灭	fùmiè	（动词）	vernichten
个体	gètǐ	（名词）	Einzelnes
不可能	bù kěnéng	（形容词）	unmöglich

覆水难收

朱买臣是汉朝人，家里很穷，却很喜欢读书。为了维持生计，他只好每天都到山上砍些柴来卖。为了挤出读书的时间，朱买臣总是边挑柴边读书，但他的妻子总以为他是在唱歌。妻子每次阻止他，他反而更大声地读起来。

后来他的妻子嫌他穷，要求和他离婚。朱买臣笑着说："我到五十岁的时候，一定会富贵的，如今我都已经四十多岁了，你也跟我吃苦了这么多年，再等几年，等我富贵以后，再来报答你吧！" 他的妻子生气地说："像你这样的人，到最后一定会饿死在水沟暗渠里，怎么还敢想富贵呢？"他的妻子坚决要离婚，朱买臣怎么也留不住，只好让她离去。

后来，朱买臣果真当了官，他的妻子看见他荣华富贵回来时，便要求再结合，但朱买臣拿了盆水泼在马前，对他的前妻说："你能够将这盆水重收回来，我就答应和你复合。"覆水是收不回来的，遭受朱买臣的拒绝，她的心中真是既羞愧又悔恨。

智慧小语

犯了错误，已成事实，就再难挽回了。

朱买臣是汉朝人，家里很穷，却很喜欢读书。为了维持生计，他只好每天都到山上砍些柴来卖。

Zhū Mǎichén shì Hàncháo rén, jiāli hěn qióng, què hěn xǐhuan dúshū. Wèile wéichí shēngjì, tā zhǐhǎo měitiān dōu dào shānshang kǎn xiē chái lái mài.

Zhu Maichen aus der Han-Dynastie war sehr arm, mochte aber sehr gern Bücher lesen. Um sich das Brot zu verdienen, musste er täglich auf dem Berg Brennholz sammeln und es auf dem Markt verkaufen.

穷的	qióng de	（形容词）	arm
读书	dúshū		Bücher lesen
维持生计	wéichí shēngjì		sich das Brot verdienen
砍柴	kǎnchái		Brennholz sammeln
卖	mài	（动词）	verkaufen

为了挤出读书的时间，朱买臣总是边挑柴边读书，但他的妻子总以为他是在唱歌。妻子每次阻止他，他反而更大声地读起来。

Wèile jǐchū dúshū de shíjiān Zhū Mǎichén zǒngshì biān tiāo chái biān dúshū, dàn tā de qīzi zǒng yǐwéi tā shì zài chànggē. Qīzi měi cì zǔzhǐ tā, tā fǎn'ér gèng dàshēng de dúqǐlai.

Um Zeit für die Lektüre zu finden, las er immer, während er Brennholz trug, laut aus einem Buch. Seine Frau glaubte aber deswegen oft, dass er Lieder sang. Jedes Mal, wenn seine Frau ihn daran hinderte, las er noch lauter.

挤时间	jǐ shíjiān		Zeit finden

读书，阅读	dúshū, yuèdú	（名词）	Lektüre
歌	gē	（名词）	Lied
唱	chàng	（动词）	singen
阻止	zǔzhǐ	（动词）	hindern

后来他的妻子嫌他穷，要求和他离婚。朱买臣笑着说："我到五十岁的时候，一定会富贵的，如今我都已经四十多岁了，你也跟我吃苦了这么多年，再等几年，等我富贵以后，再来报答你吧！"

Hòulái tā de qīzi xián tā qióng, yāoqiú hé tā líhūn. Zhū Mǎichén xiàozhe shuō: "Wǒ dào wǔ-shí suì de shíhòu, yī dìng huì fùguì de, rújīn wǒ dōu yǐjīng sì-shí duō suì le, nǐ yě gēn wǒ chīkǔle zhème duō nián, zài děng jǐ nián, děng wǒ fùguì yǐhǒu, zài lái bàodá nǐ ba!"

Später forderte seine Frau, die sehr verstimmt über seine Armut war, die Scheidung, worauf Zhu Maichen lächelnd sagte: „Sobald ich 50 Jahre alt werde, werde ich bestimmt reich werden. Heute bin ich bereits über 40, und du hast so viele Jahre die Armut mit mir ertragen. Warte noch ein paar Jahre, bis ich reich werde, dann werde ich dir das vergelten!"

贫穷	pínqióng	（名词）	Armut
嫌某事	xián mǒushì		über etw. verstimmt sein
离婚	líhūn	（名词）	Scheidung
微笑的	wēixiào de	（形容词）	lächelnd
一…就…	yī...jiù...	（连词）	sobald
富的	fù de	（形容词）	reich
忍受	rěnshòu	（动词）	ertragen
报答	bàodá	（动词）	vergelten

他的妻子生气地说："像你这样的人，到最后一定会饿死在水沟暗渠里，怎么还敢想富贵呢？"他的妻子坚决要离婚，朱买臣怎么也留不住，只好让她离去。

Tā de qīzi shēngqì de shuō: "Xiàng nǐ zhèyàng de rén, dào zuìhòu yīdìng huì èsǐ zài shuǐgōu ànqú li, zěnme hái gǎn xiǎng fùguì ne?" Tā de qīzi jiānjué yāoqiú líhūn. Zhū Mǎichén zěnme yě liúbuzhù, zhǐhǎo ràng tā líqù.

Ärgerlich sagte seine Frau: „Menschen wie du warden eines Tages bestimmt in einem Wassergraben oder Abwasserkanal verhungern. Wie kann ich nur an ein reiches Leben denken?" Seine Frau bestand auf der Scheidung. Wie sehr sich Zhu bemühte, sie zu überzeugen, hatte er keine andere Wahl, als sie gehen zu lassen.

生气的	shēngqì de	（形容词）	ärgerlich
水沟，水渠	shuǐgōu, shuǐqú	（名词）	Wassergraben
暗渠，污水沟	ànqú, wūshuǐgōu	（名词）	Abwasserkanal
饿死	èsǐ	（动词）	verhungern
坚持	jiānchí	（动词）	bestehen
努力	nǔlì	（动词）	sich bemühen
说服	shuōfú	（动词）	überzeugen
选择	xuǎnzé	（名词）	Wahl
只好	zhǐhǎo	keine andere Wahl haben, etw. zu tun	

后来，朱买臣果真当了官，他的妻子看见他荣华富贵回来时，便要求再结合，但朱买臣拿了盆水泼在马前，对他的前妻说：

Hòulái, Zhū mǎichén guǒzhēn dāngle guān, tā de qīzi kànjian tā rónghuá-fùguì huílai shí, biàn yāoqiú zài jiéhé, dàn Zhū Mǎichén nále pén shuǐ pōzài mǎqián, duì tā de qiánqī shuō:

Eine paar Jahre später wurde Zhu Maichen tatsächlich Beamter. Seine geschiedene Frau sah ihn voller Reichtum und Würde zurückkommen und wollte sich mit ihm wieder vereinigen. Zhu Maichen aber holte eine Schüssel Wasser, goss es vor das Pferd und sagte zu ihr:

官	guān	（名词）	Beamter
荣华富贵	rónghuá fùguì		Reichtum und Würde
结合	jiéhé	（动词）	sich vereinigen
泼	pō	（动词）	gießen

“你能够将这盆水重收回来，我就答应和你复合。”覆水是收不回来的，遭受朱买臣的拒绝，她的心中真是既羞愧又悔恨。

"Nǐ nénggòu jiāng zhè pén shuǐ chóng shōu huílái, wǒ jiù dāying hé nǐ fùhé." Fùshuǐ shì shōubuhuílái de, zāoshòu Zhū Máichén de jùjué, tā de xīnzhōng zhēn shì jì xiūkuì yòu huǐhèn.

„Wenn du das vergossene Wasser wieder zurückholen kannst, verspreche ich eine Wiedervereinigung mit dir." Natürlich ließ sich das verschüttete Wasser nicht zurückholen. Angesichts der Ablehnung durch Zhu fühlte sie Scham und Neid.

答应	dāying	（动词）	versprechen
拒绝	jùjué	（名词）	Ablehnung
羞愧	xiūkuì	（名词）	Scham
悔恨	huǐhèn	（名词）	Neid

Die Moral daraus

犯了错误，已成事实，就再难挽回了。

Fànle cuòwu, yǐ chéng shìshí, jiù zài nán wǎnhuí le.

Ist ein begangener Fehler zur Tatsache geworden, ist es schwer, ihn wiedergutzumachen.

错误	cuòwu	（名词）	Fehler
事实	shìshí	（名词）	Tatsache
挽回	wǎnhuí	（动词）	wiedergutmachen

程皓不议他人之短

唐朝人程皓从不随便议论他人的短处。有一次，听到一个人背后诋毁他人，他不仅自己不参与，待那人说完，还有理有据地为被诋毁者分辩。他说：这多是人们的道听途说，其实并不是这样的。接着，便历数此人的嘉言善行。不料，他这样做，却遭到那个人的痛骂。此时，程皓面无愠色，等那个人骂完，他才离席避去，说："那个人喝醉了，有什么好与他争辩的。"

智慧小语

能够理解人、宽容人，豁达大度，是处理好人际关系所必须的道德修养。

Cheng Hao sprach nie über anderer Mängel

唐朝人程皓从不随便议论他人的短处。有一次，听到一个人背后诋毁他人，他不仅自己不参与，待那人说完，还有理有据地为被诋毁者分辩。

Tángcháo rén Chéng Hào cóngbù suíbiàn yìlùn tā rén de duǎnchù. Yǒu yī cì, tīngdào yī gè rén bèihòu dǐhuǐ tārén, tā bùjǐn zìjǐ bù cānyǔ, dài nà rén shuōwán, hái yǒu lǐ yǒu jù de wèi bèi dǐhuǐzhě fēnbiàn.

Cheng Hao, ein Mann aus der Tang-Dynastie, sprach nie unbedacht über die Mängel anderer. Einmal hörte er einen Mann einen anderen hinter dessen Rücken diffamieren. Anstatt mitzumachen, unterstützte er den Diffamierten.

随便的	suíbiàn de	（形容词）	unbedacht
短处	duǎnchù	（名词）	Mangel
诋毁，贬低	dǐhuǐ, biǎndī	（动词）	diffamieren
参与	cānyǔ	（动词）	mitmachen
支持	zhīchí	（动词）	unterstützen

他说：这多是人们的道听途说，其实并不是这样的。接着，便历数此人的嘉言善行。

Tā shuō: zhè duō shì rénmén de dàotīng-dúshuō, qíshí bìng bùshì zhè yàng de. Jiēzhe, biàn lìshǔ cǐrén de jiāyān shànxíng.

Er sagte, dass alles nichts anderes als Hörensagen sei und den Tatsachen nicht entspreche. Anschließend zählte er wohlgemeinte Worte und Taten des Betreffenden auf.

道听途说	dàotīng-túshuō	Hörensagen

接着	jiēzhe	（副词）	anschließend
嘉言善行	jiāyán-shànxíng		wohlgemeinte Worte und Taten
列举，历数	lièjǔ, lìshǔ	（动词）	aufzählen

不料，他这样做，却遭到那个人的痛骂。此时，程皓面无愠色，等那个人骂完，他才离席避去，说："那个人喝醉了，有什么好与他争辩的。"

Bùliào, tā zhèyàng zuò, què zāodào nà gè rén de tòngmà. Cǐshí, Chéng Hào miàn wú yùnsè, děng nà gè rén màwán, tā cái lí xí bì qù, shuō: "Nà gè rén hēzuì le, yǒu shénme hǎo yǔ tā zhēngbiàn de."

Unerwartet wurde er aber von jenem Mann beschimpft. Da machte Cheng kein missmutiges Gesicht, wartete, bis der Mann mit dem Schimpfen fertig war, und sagte, bevor er wegging: „Der Mann ist betrunken, mit ihm ist nicht zu diskutieren."

不料	bùliào	（副词）	unerwartet
痛骂	tòngmà	（动词）	beschimpfen
不愉快的	bù yúkuài de	（形容词）	missmutig
喝醉的	hēzuì le	（形容词）	betrunken
讨论，辩论	tǎolùn, biànlùn	（动词）	diskutieren

Die Moral daraus

能够理解人、宽容人，豁达大度，是处理好人际关系所必须的道德修养。

Nénggòu lǐjiě rén, kuānróng rén, huòdá dàdù, shì chǔlǐhǎo rénjì guānxì suǒ bìxū de dàodé xiūyǎng.

Die anderen gut zu verstehen, ihnen gegenüber tolerant zu sein und sich großzügig zu benehmen ist eine moralische Integrität, die man haben muss, um gute Beziehungen zu anderen zu pflegen.

宽容的	kuānróng de	（形容词）	tolerant
举止	jǔzhǐ	（动词）	sich benehmen
大度的	dàdù de	（形容词）	großzügig
道德的	dàodé de	（形容词）	moralisch
关系	guānxi	（名词）	Beziehung

朱冲厚道睦邻

少年朱冲，娴静沉稳，好学深思。因家境贫寒，他不得不常常到田间做农活。他家的邻居是个性情粗暴的人，一次，家里丢失了一头牛犊，认定朱冲家的牛犊是他的，便牵走了。后来，邻居家又在树林中找到丢失的牛犊，非常惭愧，便把朱家的牛犊送回来。

另外，这个邻居的牛还经常跑到朱冲家的田里去吃庄稼，朱冲不但没有把牛打跑，而且还去拿嫩草喂牛。邻居见朱冲如此厚道，内心更加惭愧。在朱冲行动的感召下，那个人逐渐改掉了他的粗暴脾气，与朱冲成为好邻居。

智慧小语

人和为贵，人与人之间应当互相理解、体谅、和睦相处。

少年朱冲，娴静沉稳，好学深思。因家境贫寒，他不得不常常到田间做农活。

Shàonián Zhū Chōng, xiánjìng chénwěn, hàoxué chénsī. Yīn jiājìng pí nhán, tā bùdébù chángcháng dào tiánjiān zuò nónghuó.

Zhu Chong war schon in seiner Kindheit still und bedächtigt, wissbegierig und wohl überlegt. Infolge der Armut seiner Familie musste er oft auf dem Feld arbeiten.

娴静沉稳	xiánjìng chénwěn	still und bedächtigt	
好学深思	hàoxué shēnsī	wissbegierig und wohl überlegt	
田地	tiándì	（名词）	Feld
劳动	láodòng	（动词）	arbeiten

他家的邻居是个性情粗暴的人，一次，家里丢失了一头牛犊，认定朱冲家的牛犊是他的，便牵走了。

Tājiā de línjū shì gè xìngqíng cūbào de rén, yī cì, jiāli diūshīle yī tóu niúdú, rèndìng Zhū Chōng jiā de niúdú shì tā de, biàn qiānzǒu le.

Sein Nachbar war ein jähzorniger Mann. Es geschah einmal, dass der Nachbar ein Kalb verloren hatte, und er glaube fest, dass Zhus Kalb seines sein sollte, und trieb es fort.

性情粗暴的	xìngqíng cūbào de	（形容词）	jähzornig
牛犊	niúdú	（名词）	Kalb
丢失	diūshī	（动词）	verlieren

牵走	qiānzǒu	（动词）	forttreiben

后来，邻居家又在树林中找到丢失的牛犊，非常惭愧，便把朱家的牛犊送回来。

Hòulái, línjū jiā yòu zài shùlín zhōng zhǎodào diūshī de niúdú, fēicháng cánkuì, biàn bǎ Zhū jiā de niúdú sòng huílai.

Später fand der Nachbar sein verlorenes Kalb im Wald wieder, hatte deswegen ein schlechtes Gewissen und trieb Zhus Kalb zurück.

树林	shùlín	（名词）	Wald
感到惭愧	gǎndào cánkuì		ein schlechtes Gewissen haben

另外，这个邻居的牛还经常跑到朱冲家的田里去吃庄稼，朱冲不但没有把牛打跑，而且还去拿嫩草喂牛。

Lìngwài, zhè gè línjū de niú hái jīngcháng pǎodào Zhū Chōng jiā de tiánli qù chī zhuāngjia, Zhū Chōng bùdàn méiyǒu bǎ niú dǎpǎo, érqiě hái qù ná nèncǎo wèi niú.

Außerdem ging das Rind des Nachbarn oft auf Zhus Feld und fraß von Ackerpflanzen. Anstatt es zu vertreiben, fütterte Zhu Chong es mit zarten Gräsern.

庄稼	zhuāngjia	（名词）	Ackerpflanze
吞吃	tūnchī	（动词）	fressen
赶走	gǎnzǒu	（动词）	vertreiben
喂	wèi	（动词）	füttern
嫩的	nèn de	（形容词）	zart
草	cǎo	（名词）	Gras

邻居见朱冲如此厚道，内心更加惭愧。在朱冲行动的感召下，那个人逐渐改掉了他的粗暴脾气，与朱冲成为好邻居。

Línjū jiàn Zhū Chōng rúcǐ hòudào, nèixīn gèngjiā cánkuì. Zài Zhū Chōng xíngdòng de gǎnzhāo xia, nà gè rén zhújiàn gǎidiàole tā de cūbào píqì, yǔ Zhū Chōng chéngwéi hǎo línjū.

Angesichts einer derartigen Gutmütigkeit war der Nachbar beschämt. Tief beeindruckt von Zhu Chongs Taten, überwand der Mann allmählich seine Jähzornigkeit und wurde Zhus guter Nachbar.

如此的	rúcǐ de	（形容词）	derartig
厚道	hòudào	（名词）	Gutmütigkeit
惭愧	cánkuì	（动词）	beschämt sein
受感动的	shòu gǎndòng de		beeindruckt
克服	kèfú	（动词）	überwinden
渐渐的	jiànjiàn de	（副词）	allmählich
粗暴脾气	cūbào píqì	（名词）	Jähzornigkeit

Die Moral daraus

人和为贵，人与人之间应当互相理解、体谅、和睦相处。

Rén hé wéi guì, rén yǔ rén zhījiān yīngdāng hùxiāng lǐjiě, tǐliàng, hémù xiāngchǔ.

Zwischenmenschlich geht der Friede über alles, man muss sich gegenseitig gut verstehen, füreinander Verständnis haben und sich miteinander vertragen.

和平	hépíng	（名词）	Friede
互相的	hùxiāng de	（形容词）	gegenseitig
理解	lǐjiě	（动词）	verstehen
谅解	liàngjiě	（名词）	Verständnis
同…和睦相处	tóng... hémù xiāngchǔ		sich mit jm. vertragen

仁赏母拒收干鱼

三国时，有个叫孟仁赏的，在吴国负责管理鱼塘。有一次，他捕了一些鱼，晒成鱼干，随后托人把鱼干带回家乡送给母亲食用。

不久，孟仁赏接到母亲的来信，还有他带给母亲的鱼干。母亲在信中说："你把自己管理的东西寄给我，不怕别人议论你不清不白吗？"

孟仁赏见到母亲的训示，后悔莫及，他决心痛改前非，对自己的职守也更加尽心尽力了。

智慧小语

不该得的东西绝不占为己有，没有非分的物质欲望和占有欲，自然也就与贪划清了界限。

全文注释

Renshangs Mutter lehnt Dörrfische ab

三国时，有个叫孟仁赏的，在吴国负责管理鱼塘。有一次，他捕了一些鱼，晒成鱼干，随后托人把鱼干带回家乡送给母亲食用。

Sānguó shí, yǒu gè jiào Mèng Rénshǎng de, zài Wúguó fùzé guǎnlǐ yútáng. Yǒu yī cì, tā bǔle yī xiē yú, shàichéng yúgān, suíhòu tuó rén bǎ yúgān dàihuí jiāxiāng sònggěi mǔqīn shíyòng.

Während der Periode der Drei Reiche gab es im Staat Wu einen Mann namens Meng Renshang, der für die Verwaltung eines Fischteiches zuständig war. Eines Tages hatte er Fische gefangen und sie in der Sonne gedörrt, wonach er die Dörrfische in die Heimat bringen und der Mutter schenken ließ.

管理	guǎnlǐ	(名词)	Verwaltung
鱼塘	yútáng	(名词)	Fischteich
负责，主管的	fùzé, zhǔguǎn de	(形容词)	zuständig
捕鱼	bǔyú		Fisch fangen
晒干	shàigān	(动词)	dörren
鱼干	yúgān	(名词)	Dörrfisch
送给	sònggěi	(动词)	schenken

不久，孟仁赏接到母亲的来信，还有他带给母亲的鱼干。母亲在信中说："你把自己管理的东西寄给我，不怕别人议论你不清不白吗？"

Bùjiǔ, Mèng Rénshǎng jiēdào mǔqīn de láixìn, háiyǒu tā dàigěi mǔqīn de yúgān. Mǔqīn zài xìnzhōng shuō: "Nǐ bǎ zìjǐ guǎnlǐ de dōngxi jìgěi wǒ, bùpà biérén yìlùn nǐ bù qīngbái ma?"

Bald bekam er eine Antwort von Mutter, samt den Dörrfischen. Im Brief schrieb die Mutter: „Du hast mir etwas geschickt, wofür du verantwortlich bist; fürchtest du denn nicht, dass die anderen wegen Unanständigkeit vor dir sprechen?“

连同	liántóng	（介词）	samt
负责	fùzé de	（动词）	verantwortlich sein
害怕	hàipà	（动词）	fürchten
不正派	bú zhèngpài	（名词）	Unanständigkeit

孟仁赏见到母亲的训示，后悔莫及，他决心痛改前非，对自己的职守也更加尽心尽力了。

Mèng Rénshǎng jiàndào mǔqīn de xìnshì, hòuhuǐ mòjí, tā juéxīn tònggǎi qiánfēi, duì zìjǐ de zhíshǒu yě gèngjiā jìnxīn-jìnlì le.

Die Ermahnung der Mutter reute Meng Renshang sehr, und er fasste den Entschluss, die früheren Fehler abzulegen, und kam seinen Pflichten mit noch größerer Hingabe nach.

训示，劝告	xùnshì, quàngào	（名词）	Ermahnung
使后悔	shǐ hòuhuǐ	（动词）	reuen
下决心	xià juéxīn		den Entschluss fassen
改正错误	gǎizhèng cuòwu		die Fehler ablegen
职守	zhíshǒu	（名词）	Pflicht
尽心尽力，	jìnxīn-jìnlì,		mit Hingabe

Die Moral daraus

不该得的东西绝不占为己有，没有非分的物质欲望和占有欲，自然也就与贪划清了界限。

Bùgāi dé de dōngxi juébù zhànwéi jǐyǒu, méiyǒu fēifèn de wùzhì yùwàng hé zhànyǒuyù, zìrán yě jiù yǔ tān huàqīngle jièxiàn.

Man darf unwürdige Dinge unter keinen Umständen in Besitz nehmen; ohne dreiste Habgier oder gar Eroberungssucht ist es ganz selbstverständlich, eine Trennslinie zur Veruntreuung zu ziehen.

不该得的，不配的	bùgāi dé de, bù pèi de	（形容词）	unwürdig
绝不	juébù		unter keinen Umständen
占有	zhànyǒu		in Besitz nehmen
放肆的，非分的	fàngsì de, fēifèn de	（形容词）	dreist
物质欲望，贪财	wùzhì yùwàng, tāncái	（名词）	Habgier
占有欲	zhànyǒuyù	（名词）	Eroberungssucht
自然的	zìrán de	（形容词）	selbstverständlich
界限	jièxiàn	（名词）	Trennslinie
贪污	tānwū	（名词）	Veruntreuung

齐恒公崇尚节俭

许多历史事实告诉我们：一些明智的君王从国家的长治久安出发，倡导以俭治国。这是达到政治清廉、国家富强的重要途径。

一次，齐恒公问他的大臣管仲："我们的国家很小，财力很弱，可是你看群臣的衣饰、车马太豪华了吧！我想杜绝此种奢侈之风，你看应如何去做？"

管仲说："君王喜好的，臣子就竭力追求。当今大王玉食琼浆，轻纱重裘。群臣跟大王比不是小巫见大巫吗？大王欲禁此风，何不从自身做起呢？"

恒公高兴地接受了，说："好！就从寡人做起。"

恒公的决心影响了群臣，群臣的作风影响了全国，只过了一年时间，齐国举国尚俭，社会风气变得朴实淳厚。

智慧小语

古人崇俭反奢，认为俭和奢甚至直接影响天下兴亡。

全文注释

Qi-Fürst Heng verherrlichte die Sparsamkeit

许多历史事实告诉我们：一些明智的君王从国家的长治久安出发，倡导以俭治国。这是达到政治清廉、国家富强的重要途径。

Xǔduō lìshǐ shìshí gàosu wǒmén: yī xiē míngzhì de jūnwáng cóng guójiā de chángzhì jiǔ'ān chūfā, chàngdǎo yǐ jiǎn zhìguó. Zhè shì dádào zhèngzhì qīnglián, guójiā fùqiáng de zhòngyào tújìng.

Zahlreiche historische Fakten lehren uns, dass einige weise Herrscher im Interesse der langwierigen politischen Stabilität für die Verwaltung des Landes mit Sparsamkeit eintraten, das war ein wichtiger Weg zur politischen Anständigkeit und zur Stärkung des Landes.

许多	xǔduō	(形容词)	zahlreich
历史的	lìshǐ de	(形容词)	historisch
事实	shìshí	(名词)	Fakt
明智的	míngzhì de	(形容词)	weise
君王，统治者	jūnwáng, tǒngzhìzhě	(名词)	Herrscher
长远的	chángyuǎn de	(形容词)	langwierig
政治的	zhèngzhì de	(形容词)	politisch
安定	āndìng	(名词)	Stabilität
勤俭	qínjiǎn	(名词)	Sparsamkeit
重要的	zhòngyào de	(形容词)	wichtig
清廉	qīnglián	(名词)	Anständigkeit
富强	fùqiáng	(名词)	Stärkung

一次，齐恒公问他的大臣管仲：“我们的国家很小，财力很弱，可是你看群臣的衣饰、车马太豪华了吧！我想杜绝此种奢侈之风，你看应如何去做？”

Yī cì, Qí Hénggōng wèn tā de dàchén Guǎn Zhòng: "Wǒmén de guójiā hěn xiǎo, cáilì hěn ruò, kěshì nǐ kàn qúnchén de yīshì, chēmǎ tài háohuále ba! Wǒ xiǎng dùjué cǐ zhǒng shēchǐ zhī fēng, nǐ kàn yīng rúhé qù zuò?"

Einmal fragte der Fürst Heng von Qi seinen Minister Guan Zhong: „Unser Land ist klein und nicht stark genug, aber sieh dir die Bekleidung und das Fuhrwerk unserer Minister an, sind sie nicht zu luxuriös? Ich möchte diesem luxuriösen Stil Einhalt gebieten, was sollte ich deiner Meinung nach tun?"

衣饰	yīshì	（名词）	Bekleidung
车马	chēmǎ	（名词）	Fuhrwerk
奢华的	shēhuá de	（形容词）	luxuriös
风气	fēngqì	（名词）	Stil
制止某事	zhìzhǐ mǒushì		etw. Einhalt gebieten

管仲说："君王喜好的，臣子就竭力追求。当今大王玉食琼浆，轻纱重裘。群臣跟大王比不是小巫见大巫吗？大王欲禁此风，何不从自身做起呢？"

Guǎn Zhòng shuō: "Jūnwáng xǐhào de, chénzǐ jiù jiélì zhuīqiú. Dāngjīn dàwáng yùshí qióngjiāng, qīngshā zhòngqiú. Qúnchén gēn dàwáng bǐ bùshì xiǎo wū jiàn dà wū ma? Dàwáng yù jìn cǐ fēng, hébù cóng zìshēn zuòqǐ ne?"

Guan Zhong sagte: „Was ein König mag, sollten seine Minister mit aller Kraft anstreben. Heute isst und trinkt Eure Majestät alles Schöne und ist in leichte Seide und dicken Pelz gekleidet. Sind die Minister im Vergleich mit Eurer Majestät nicht in den Schatten gestellt? Wenn Eure Majestät mit diesem Stil Schluss machen will, warum fangt Ihr nicht mit Euch selbst an?"

竭力追求	jìnlì zhuīqiú		mit aller Kraft anstreben
丝绸	sīchóu	（名词）	Seide

毛皮	máopí	（名词）	Pelz
穿衣	chuānyī	（动词）	kleiden
使某人黯然失色	shǐ mǒurén ànrán shīsè		jn. in den Schatten stellen
开始做	kāishǐ zuò	（动词）	anfangen

恒公高兴地接受了，说："好！就从寡人做起。"

Hénggōng gàoxìng de jiēshòu le, shuō: "Hǎo! Jiù cóng guǎrén zuòqǐ."

Fürst Heng nahm erfreut den Vorschlag an und sagte: „Ausgezeichnet! Wir machen einen Anfang."

接受	jiēshòu	（动词）	annehmen
好极了	hǎojíle	（形容词）	ausgezeichnet

恒公的决心影响了群臣，群臣的作风影响了全国，只过了一年时间，齐国举国尚俭，社会风气变得朴实淳厚。

Hénggōng de juéxīn yǐngxiǎngle qúnchén de zuòfēng yǐngxiǎngle quánguó, zhǐ yī nián shíjiān, Qíguó jǔguó shàng jiǎn, shèhuì fēngqì biànde pǔshí chúnhòu.

Der Entschluss des Fürsten beeinflussten die Minister, das ganzen Land folgte dann den Ministern, kaum ein Jahr verging, und die Aufrichtigkeit herrschte im ganzen Land, auch die soziale Atmosphäre wurde schlicht und ohne Falsch.

影响	yǐngxiǎng	（动词）	beeinflussen
流逝	liúshì	（动词）	vergehen
充满	chōngmǎn		etw. herrscht
社会的	shèhuì de	（形容词）	sozial
风气，气氛	fēngqì, qìfèn	（名词）	Atmosphäre

朴实的	pǔshí de	（形容词）	schlicht
淳厚，正直	chúnhòu, zhèngzhí		ohne Falsch

Die Moral daraus

古人崇俭反奢，认为俭和奢甚至直接影响天下兴亡。

Gǔrén chóng jiǎn fǎn shē, rènwéi jiǎn hé shē shènzhì zhíjiē yǐngxiǎng tiānxià xīngwáng.

Schon in Chinas Altertum verherrlichte man die Sparsamkeit und kämpfte gegen Luxus, und man war der Ansicht, dass Sparsamkeit oder Luxus einen direkten Einfluss auf Aufschwung oder Niedergang des Landes hatte.

古代	gǔdài	（名词）	Altertum
崇尚，赞扬	chóngshàng, zànyáng	（动词）	verherrlichen
反对	fǎnduì	（动词）	kämpfen gegen
节俭	jiéjiǎn	（名词）	Sparsamkeit
奢侈	shēchi	（名词）	Luxus
兴，繁荣	xīng, fánróng	（名词）	Aufschwung
亡，衰退	wáng, shuāituì	（名词）	Niedergang

进步神速

三国时代，东吴的吕蒙是个博学多闻的人，周瑜去世后，便由他继任东吴的都督；他不但用计打败蜀汉的关羽，还派部将潘璋杀死了关羽。

吕蒙原是位不务正业、游手好闲、没什么学识的人，因而鲁肃当初见到他时，认为他并无可取之处。但当鲁肃再次见到吕蒙时，发觉他竟然是如此威武；与他谈论国家大事时，竟也学识丰富，不禁感到诧异，便笑着对吕蒙说："现在的你，既有学识且英勇，更有智谋，不再是吴下的阿蒙了。"

吕蒙也笑道："人嘛！分别三日以后，就应当另眼看待。"吕蒙在短时间内即进步神速，以致令人难以置信。

智慧小语

富贵必从勤苦得，男儿须读五车书。

三国时代，东吴的吕蒙是个博学多闻的人，周瑜去世后，便由他继任东吴的都督；他不但用计打败蜀汉的关羽，还派部将潘璋杀死了关羽。

Sānguó shídài, Dōngwú de Lǚ Měng shì gè bóxué duōwén de rén, Zhōu Yú qùshì hòu, biàn yóu tā jìrèn Dōngwú de dūdu; Tā bùdàn yòng jì dǎbài Shǔ Hàn de Guān Yǔ, hái pài bùjiàng Pān Zhāng shāsǐle Guān Yǔ.

Während der Periode der Drei Reiche gab es im Staat Wu einen belesenen und erfahrenen Mann namens Lü Meng. Nach dem Tode von Zhou Yu wurde er zum Oberkommandierenden von Wu. Er besiegte mit Tricks den General Guan Yu des Staates Han und schickte seinen General Pan Zhang den Guan Yu zu töten.

都督	dūdu	（名词）	Oberkommandierender
打败	dǎbài	（动词）	besiegen
计策	jìcè	（名词）	Trick

吕蒙原是位不务正业、游手好闲、没什么学识的人，因而鲁肃当初见到他时，认为他并无可取之处。

Lǚ Měng yuán shì wèi bù wù zhèngyè, yóushǒu hàoxián, méi shénme xuéshí de rén, yīn'ér Lǔ Sù dāngchū jiàndào tā shí, rènwéi tā bìngwú kěqǔ zhī chù.

Lü Meng war eigentlich ein müßiggängerischer Mann ohne ordentliches Wissen gewesen, der keiner geregelten Arbeit nachging. So hatte Lu Su ihn, als er ihn zum ersten Mal sah, für einen Taugenichts gehalten.

原本的	yuánběn de	（副词）	eigentlich
游手好闲的	yóushǒu-hàoxián de	（形容词）	müßiggängerisch
从事	cóngshì	（动词）	nachgehen
无用的人	wúyòng de rén	（名词）	Taugenichts
认为	rènwéi	（动词）	halten für

但当鲁肃再次见到吕蒙时，发觉他竟然是如此威武；与他谈论国家大事时，竟也学识丰富，不禁感到诧异，便笑着对吕蒙说："现在的你，既有学识且英勇，更有智谋，不再是吴下的阿蒙了。"

Dàn dāng Lǔ Sù zài cì jiàndào Lǚ Měng shí, fājué tā jìngrán rúcǐ wēiwǔ; Yǔ tā tánlùn guójiā dàshì shí, jìng yě xuéshí fēngfù, bùjīn gǎndào chàyì, biàn xiàozhe duì Lǚ Měng shuō: "Xiànzài de nǐ, jì yǒu xuéshí qiě yīngyǒng, gèng yǒu zhìmóu, bùzài shì Wú xià de Ā Měng le."

Aber als Lu Su nochmals Lü Meng sah, fand er, dass Lü würdevoll und kräftig war. Als er mit ihm über Staatsangelegenheiten sprach, zeigte dieser auch profundes Wissen. Lu Su war höchst erstaunt und sagte lächelnd zu Lü Meng: „Jetzt bist du sowohl kenntnisreich als auch tapfer, und du besitzt vielmehr Findigkeit, du bist nicht mehr der frühere Meng von Wu."

威武	wēiwǔ		würdevoll und kräftig
国家大事	guójiā dàshì	（名词）	Staatsangelegenheit
渊博的	yuānbó de	（形容词）	profund
惊讶	jīngyà	（动词）	erstaunt sein
有学识的	yǒu xuéshí de	（形容词）	kenntnisreich
勇敢的	yǒnggǎn de	（形容词）	tapfer
机智	jīzhì	（名词）	Findigkeit

吕蒙也笑道："人嘛！分别三日以后，就应当另眼看待。"吕蒙在短时间

内即进步神速，以致令人难以置信。

Lǚ Měng yě xiàodào: “Rén ma! Fēnbié sān rì yǐhòu, jiù yīngdāng lìngyǎn kàndài.” Lǚ Měng zài duǎn shíjiān nèi jì jìnbù shénsù, yǐzhì lìng rén nányǐ-zhìxìn.

Lü Meng sagte auch lächelnd: „So ist der Mensch! Nach drei Tagen Trennung sollte man ihn mit einem anderen Auge betrachten!“ Lü Meng hatte in einer kurzen Zeit unglaubliche Fortschritte gemacht.

难以置信的	nányǐ-zhìxìn de	（形容词）	unglaublich
进步	jìnbù	（名词）	Fortschritt

Die Moral daraus

富贵必从勤苦得，男儿须读五车书。

Fùguì bì cóng qínkǔ de, nán'ér xū dú wǔ chē shū.

Reichtum und Ruhm werden aufgrund harter Arbeit erlangt, die Männer müssen allerlei Bücher lesen.

富贵	fùguì		Reichtum und Ruhm
由，从	yóu, cóng	（介词）	aufgrund
艰苦的	jiānkǔ de	（形容词）	hart
五车书	wǔ chē shū		allerlei Bücher

没有白吃的午餐

宋朝有位农夫，一天正在田里耕种时，忽然看见一只兔子从田里疾奔过去，接着不知怎的撞到一棵树，折断颈骨死了。农夫立刻抛下耕具，高高兴兴地将兔子拾起，并且等候在树旁，期待再有兔子前来送死。然而，谁都知道，兔子之所以撞到树纯属偶然，又怎么还会有第二只跑去撞树的兔子呢?

人因某个偶然的机遇而有意外的收获，但一昧以为只要坐等时机来临，就可以获得内心想要的东西，无异是缘木求鱼。世事变化万千，没有一件事情是一成不变的，但人们却主观地用“不变”的看法来呆板行事，到头来，失败自当在所难免。

智慧小语

天下虽有侥幸之事，但也难得几回，为人处事仍应当尽心尽力，才能有所收获。

宋朝有位农夫，一天正在田里耕种时，忽然看见一只兔子从田里疾奔过去，接着不知怎的撞到一棵树，折断颈骨死了。

Sòngcháo yǒu wèi nóngfū, yī tiān zhèngzài tiánli gēngzhòng shí, hūrán kànjiàn yī zhī tùzi cóng tiánli jíbēn guòqu, jiēzhe bùzhī zěn de zhuàngdào yī kē shù, zhéduàn jìnggǔ sǐ le.

In der Song-Dynastie arbeitete ein Bauer eines Tages auf dem Feld, da sah er plötzlich einen Hasen durchs Feld rennen. Der Hase stieß dann gegen einen Baum, brach sich das Genick und starb.

兔子	tùzi	(名词)	Hase
突然	tūrán	(副词)	plötzlich
奔跑	bēnpǎo	(动词)	rennen
撞	zhuàng	(动词)	stoßen
折断	zhéduàn	(动词)	brechen
脖子	bózi	(名词)	Genick

农夫立刻抛下耕具，高高兴兴地将兔子拾起，并且等候在树旁，期待再有兔子前来送死。

Nóngfū lìkè pāoxià gēngjù, gāogāo-xìngxìng de jiāng tùzi shíqǐ, bìngqiě děnghòu zài shùpáng, qīdài zài yǒu tùzi qiánlái sòngsǐ.

Der Bauer warf sofort sein Ackergerät weg und las hocherfreut den toten Hasen auf, und er wartete am Baum auf einen weiteren Hasen, der eventuell in sein Verderben rennen sollte.

扔下	rēngxià	（动词）	wegwerfen
立刻	lìkè	（副词）	sofort
农具	nóngjù	（名词）	Ackergerät
拾起	shíqǐ	（动词）	auflesen
也许，可能	yěxǔ, kěnéng	（副词）	eventuell
送死，走向毁灭	sòngsǐ, zǒuxiàng huǐmiè		in sein Verderben rennen

然而，谁都知道，兔子之所以撞到树纯属偶然，又怎么还会有第二只跑去撞树的兔子呢？

Rán'ér, shuí dōu zhīdào, tùzi zhī suǒyǐ zhuàngdào shù chúnshǔ ǒurán, yòu zěnme hái huì yǒu dì-èr zhī pǎoqù zhuàng shù de tùzi ne?

Jedoch wissen alle, dass es reiner Zufall war, dass der Hase gegen den Baum stieß. Wie könnte es geschehen, dass ein zweiter Hase dasselbe wiederholte?

纯粹的	chúncuì de	（形容词）	rein
偶然	ǒurán	（名词）	Zufall
发生	fāshēng	（动词）	geschehen
重复	chóngfù	（动词）	wiederholen

人因某个偶然的机遇而有意外的收获，但一味以为只要坐等时机来临，就可以获得内心想要的东西，无异是缘木求鱼。

Rén yīn mǒu gè ǒurán de jīyù ér yǒu yìwài de shōuhuò, dàn yī wèi yǐwéi zhǐyào zuòděng shíjī láilín, jiù kěyǐ huòdé nèixīn xiǎngyào de dōngxi, wúyì shì yuánmù-qiúyú.

Es mag sein, dass ein Mensch bei einer zufälligen Chance etwas Unerwartetes ernten kann. Aber es ist nichts anderes, als dass man auf einen Baum klettert, um nach Fischen zu suchen, wenn man glaubt, dass man ausschließlich durch passives Abwarten einer guten Chance seine Hoffnungen erfüllen kann.

机遇，机会	jīyù, jīhuì	（名词）	Chance
收获	shōuhuò	（动词）	ernten
仅仅，只是	jǐnjǐn, zhǐshì	（副词）	ausschließlich
等待	děngdài	（名词）	Abwarten
希望	xīwàng	（名词）	Hoffnung
缘木求鱼	yuánmù-qiúyú	（成语）	auf einem Baum nach Fischen suchen

世事变化万千，没有一件事情是一成不变的，但人们却主观地用“不变”的看法来呆板行事，到头来，失败自当在所难免。

Shìshì biànhuà wànqiān, méiyǒu yī jiàn shìqing shì yī chéng bù biàn de, dàn rénmen què zhǔguān de yòng “bù biàn” de kànfǎ lái dāibǎn xíngshì, dàotóu lái, shībài zìdāng zàisuǒ nánmiǎn.

Der Lauf der Welt ist wechselhaft, nichts ist unveränderlich. Wer aber subjektiv im Geist dieser „Unveränderlichkeit“ unflexibel handelt, ist letzten Endes zur Niederlage verurteilt.

变化万千的	biànhuà wànqiān de	（形容词）	wechselhaft
不变的	bùbiàn de	（形容词）	unveränderlich
主观的	zhǔguān de	（形容词）	subjektiv
呆板，不灵活的	dāibǎn, bù línghuó de	（形容词）	unflexibel
失败	shībài	（名词）	Niederlage
失败在所难免，注定要失败	shībài zàisuǒ nánmiǎn, zhùdìng yào shībài		zur Niederlage verurteilt sein

Die Moral daraus

天下虽有侥幸之事，但也难得几回，为人处事仍应当尽心尽力，才能有所收获。

Tiānxià suī yǒu jiǎoxìng zhī shì, dàn yě nándé jǐ huí, wéi rén chǔ shì réng yīngdāng jìnxīn jìnlì, cáinéng yǒusuǒ shōuhuò.

Es gibt in der Welt zwar Glücksfälle, sie sind aber nicht jeden Tag anzutreffen. Beim Umgang mit Menschen und Dingen muss man sich größte Mühe geben, bevor man etwas ernten kann.

侥幸之事	jiǎoxìng zhī shì	（名词）	Glücksfall
碰到	pèngdào	（动词）	antreffen
为人处事	wéirén chǔshì		Umgang mit Menschen und Dingen
尽心尽力	jìnxīn jìnlì		sich größte Mühe geben

置之死地而后生

楚国人次非得到一把宝剑，兴高采烈地要渡河回家。正当船行至江心时，突然有两只蛟龙兴风作浪，围绕着他所乘坐的渡船，全船的人都害怕不已，不知如何是好。

次非从容不迫地问船家："遇到这种状况，船里人们的性命能得以保全吗？"船家答道："能有什么法子呢？必死无疑！"

次非闭上眼睛，仔细思量，然后抽出宝剑说："以前渡船的人之所以会命丧江中，无非是他们在最危急的时刻，不敢与蛟龙决一死战，结果性命自然不保。现在我都已自身难保，还在乎这把宝剑何用！"说罢，就跳进江中刺杀蛟龙。船上的人因而得以保全性命。

智慧小语

哀莫大于心死，不放弃就有一线生机。

全文注释

Im Verzweiflungskampf überleben

楚国人次非得到一把宝剑，兴高采烈地要渡河回家。

Chǔguórén Cì Fēi dédào yī bǎ bǎojiàn, xìnggāo-cǎiliè de yào dù hé huí jiā.

Ci Fei aus dem Staat Chu hatte ein Schwert bekommen und wollte hocherfreut über den Fluss heimkehren.

宝剑	bǎojiàn	(名词)	Schwert
兴高采烈的	xìnggào-cǎiliè de	(形容词)	hocherfreut
得到	dédào	(动词)	bekommen
回家	huíjiā	(动词)	heimkehren

正当船行至江心时，突然有两只蛟龙兴风作浪，围绕着他所乘坐的渡船，全船的人都害怕不已，不知如何是好。

Zhèngdāng chuán xíng zhì jiāngxīn shí, tūrán yǒu liǎngzhī jiāolóng xīngfēng-zuòlàng, wéiràozhe tā suǒ chéngzuò de dùchuán, quán chuán de rén dōu hàipà bù yǐ, bùzhī rúhé shì hǎo.

Als das Schiff in die Mitte des Flusses kam, tauchten plötzlich zwei Flutdrachen auf, die um das Schiff herum Sturm aufrührten und Wellen aufpeitschten. Das Schiff war in größter Gefahr, die Insassen gerieten in höchste Angst und wussten weder ein noch aus.

出现	chūxiàn	(动词)	auftauchen
蛟龙	jiāolóng	(名词)	Flutdrachen
搅动，搅起	jiǎodòng, jiǎoqǐ	(动词)	aufrühren

风暴	fēngbào	（名词）	Sturm
浪	làng	（名词）	Welle
掀起	xiānqǐ	（动词）	aufpeitschen
陷入	xiànrù	（动词）	geraten
不知如何是好	bùzhī rúhé shì hǎo		weder ein noch aus wissen

次非从容不迫地问船家："遇到这种状况，船里人们的性命能得以保全吗？"船家答道："能有什么法子呢？必死无疑！"

Cì Fēi cóngróng-bùpò de wèn chuánjiā: "Yùdào zhè zhǒng zhuàngkuàng, chuánli rénmén de xìngmìng néng déyǐ bǎoquán ma?" Chuánjiā dádào: "Néng yǒu shénme fǎzi ne? Bì sǐ wú yí!"

Gelassen fragte Ci Fei den Schiffer, wie man das Leben der Insassen retten könnte. Die Antwort war: „Was tun? Nichts als sterben!"

从容不迫的	cóngróng-bùpò de	（形容词）	gelassen
救	jiù	（动词）	retten

次非闭上眼睛，仔细思量，然后抽出宝剑说："以前渡船的人之所以会命丧江中，无非是他们在最危急的时刻，不敢与蛟龙决一死战，结果性命自然不保。

Cì Fēi bìshang yǎnjīng, zǐxì sīliàng, ránhòu chōuchū bǎojiàn shuō: "Yǐqián dùchuán de rén zhī suǒyǐ huì mìng sàng jiāngzhōng, wúfēi shì tāmen zài zuì wēijí de shíkè, bùgǎn yǔ jiāolóng jué yī sǐ zhàn, jiéguǒ xìngmìng zìrán bù bǎo.

Ci Fei schloss die Augen, überlegte, zog das Schwert und sagte: „Die früheren Fähren-Insassen mussten deshalb im Fluss ums Leben kommen, weil sie im kritischsten Moment nicht wagten, einen Verzweiflungskampf mit den Flutdrachen zu führen. Als Folge konnten sie natürlich nicht überleben.

闭	bì	（动词）	schließen
思量，思考	sīliàng, sīkǎo	（动词）	überlegen
敢于	gǎnyú	（动词）	wagen
决战	juézhàn	（名词）	Verzweiflungskampf
结果	jiéguǒ	（名词）	Folge
活下来	huóxiàlái	（动词）	überleben

现在我都已自身难保，还在乎这把宝剑何用！”说罢，就跳进江中刺杀蛟龙。船上的人因而得以保全性命。

Xiànzài wǒ dōu yǐ zìshēn nán bǎo, hái zàihū zhè bǎ bǎojiàn hé yòng!" shuō bà, jiù tiàojìn jiāngzhōng cìshā jiāolóng. Chuánshang de rén yīn'ér déyǐ bǎoquán xìngmìng.

Jetzt kann ich mir selber nicht mehr helfen, wozu sollte ich mich noch Sorgen um dieses Schwert machen?“ Kaum ausgesprochen, sprang er ins Wasser und tötete die Drachen. So konnten die Passagiere des Schiffes am Leben bleiben.

现在	xiànzài	（副词）	jetzt
自己	zìjǐ	（指示代词）	selber
帮助	bāngzhù	（动词）	helfen
刚刚	gānggāng	（副词）	kaum
跳	tiào	（动词）	springen
杀死	shāsǐ	（动词）	töten
保全性命	bǎoquán xìngmìng	（动词）	am Leben bleiben

Die Moral daraus

哀莫大于心死，不放弃就有一线生机。

Āi mò dàyú xīn sǐ, bù fàngqì jiù yǒu yī xiàn shēngjī.

Keine Trauer ist größer als die Verzagtheit; Nicht-Aufgeben bedeutet, noch eine Chance zum Leben zu haben.

悲哀	bēi'āi	（名词）	Trauer
必死，气馁	bìsǐ, qìněi	（名词）	Verzagtheit
放弃	fàngqì	（名词）	Aufgeben

人不可貌相

春秋时期，孔子有两个学生，一位叫子羽，另一位则是宰我。虽然是同门师兄弟，然而孔子对他们的态度，起初是截然不同的。

子羽长得其貌不扬，当他第一次拜见孔子时，孔子对他的印象并不好，心里想："此人这副丑相，看来没什么才气。"然而宰我却不然，因为他相貌堂堂，风度奇佳，又能言善道，颇像是一位天生的外交家，因此当他头一遭和孔子交谈时，便得孔子的欢心，孔子认为这个学生将来一定能够成才。但是，事情的发展却非孔子所料想。

当子羽离开孔子之后，在学习上并未灰心。由于他热爱学习，喜欢独立思考，因此他更加奋发努力，刻苦钻研，终于成为一个著名的学者，有很多青年都主动投靠于他的门下。

然而，宰我却十分懒惰，纵使孔子勤奋地教导，他的学习成绩依然差尽。孔子曾经三番五次地劝导他，但他始终无动于衷。孔子只好把他当作朽木看待。后来宰我靠着他的口才当上了齐国的官，可是不久便和别人一起作乱，被齐王处死。

孔子因为这件事得出了一个教训："人不可貌相，海水不可斗量。"其实人往往犯了凭自己的主观和成见来论断一个人好坏的毛病。一个人容貌的美丑，只是他的外表，真正可作为选才标准的，是善良扎实的内在。

智慧小语

莎士比亚说："外表往往与事实本身不符，世人却容易被表面的修饰所欺骗。"

全文注释

Man soll niemanden nach dem Äußeren beurteilen

春秋时期，孔子有两个学生，一位叫子羽，另一位则是宰我。虽然是同门师兄弟，然而孔子对他们的态度，起初是截然不同的。

Chūnqiū shíqī, Kǒng Zǐ yǒu liǎng gè xuéshēng, yī wèi jiào Zǐ Yǔ, ling yī wèi zé shì Zǎi Wǒ. Suīrán shì tóngmén shīxiōngdì, rán'ér Kǒng Zǐ duì tāmen de tàidu, qǐchū shì jiérán bùtóng de.

Während der Frühlings- und Herbstperiode hatte Konfuzius zwei Schüler mit den Namen Zi Yu und Zai Wo. Sie waren zwar Schüler desselben Lehrers, doch verhielt sich Konfuzius ihnen gegenüber anfangs ganz unterschiedlich.

对…态度	duì...tàidu	（动词）	sich verhalten gegenüber
起初	qǐchū	（副词）	anfangs
不同的	bùtóng de	（形容词）	unterschiedlich

子羽长得其貌不扬，当他第一次拜见孔子时，孔子对他的印象并不好，心里想："此人这副丑相，看来没什么才气。"

Zǐ Yǔ zhǎngde qímào-bùyáng, dāng tā dì-yī cì bàijiàn Kǒng Zǐ shí, Kǒng Zǐ duì tā de yìnxiàng bìng bù hǎo, xīnlǐ xiǎng: "Cǐ rén zhè fù chǒu xiàng, kànlái méi shénme cáiqì."

Als der unansehnliche Zi Yu den Lehrer zum ersten Mal aufsuchte, hatte Konfuzius keinen guten Eindruck von ihm und dachte bei sich: „Dieser Mann mit seinem hässlichen Aussehen scheint mir gar nicht talentiert."

其貌不扬的	qímào-bùyáng de	（形容词）	unansehnlich
拜见	bàijiàn	（动词）	aufsuchen
印象	yìnxiàng	（名词）	Eindruck
丑的	chǒu de	（形容词）	hässlich
外表	wàibiǎo	（名词）	Aussehen
有才气的	yǒu cáiqì de	（形容词）	talentiert

然而宰我却不然，因为他相貌堂堂，风度奇佳，又能言善道，颇像是一位天生的外交家，因此当他头一遭和孔子交谈时，便得孔子的欢心，孔子认为这个学生将来一定能够成才。但是，事情的发展却非孔子所料想。

Rán'ér Zǎi Wǒ què bùrán, yīnwèi tā xiàngmào tángtáng, fēngdù qíjiā, yòu néngyán shàndào, pō xiàng shì yī wèi tiānshēng de wàijiāojiā, yīncǐ dāng tā tóu yī zāo hé Kǒng Zǐ jiāotán shí, biàn dé Kǒng Zǐ de huānxīn, kǒngzǐ rènwéi zhè gè xuéshēng jiānglái yī dìng nénggòu chéngcái. Dànshì, shìqing de fāzhǎn què fēi Kǒng Zǐ suǒ liàoxiǎng.

Hingegen sah Zai Wo stattlich aus, war voller Charme und redegewandt, schien wie ein angeborener Diplomat. Als er zum ersten Mal mit Konfuzius sprach, gewann er die Zuneigung von Konfuzius, der glaubte, dass dieser Schüler bestimmt brauchbar sein werde. Die Dinge entwickelten sich aber ganz im Gegensatz zur Erwartung von Konfuzius.

然而，与此相反	rán'ér, yǔ cǐ xiāngfǎn	（连词）	hingegen
魁梧的	kuíwǔ de	（形容词）	stattlich
风度，魅力	fēngdù, mèilì	（名词）	Charme

能言善道的	néngyán-shàndào de	（形容词）	redegewandt
天生的	tiānshēng de	（形容词）	angeboren
外交家	wàijiāojiā	（名词）	Diplomat
赢得	yíngdé	（动词）	gewinnen
好感	hǎogǎn	（名词）	Zuneigung
有用的	yǒu yòng de	（形容词）	brauchbar
发展	fāzhǎn	（动词）	sich entwickeln
预料	yùliào	（名词）	Erwartung

当子羽离开孔子之后，在学习上并未灰心。由于他热爱学习，喜欢独立思考，因此他更加奋发努力，刻苦钻研，终于成为一个著名的学者，有很多青年都主动投靠于他的门下。

Dāng Zǐ Yǔ líkāi Kǒng Zǐ zhī hòu, zài xuéxí shang bìng wèi huīxīn. Yóuyú tā rè'ài xuéxí, xǐhuān dúlì sīkǎo, yīncǐ tā gèngjiā fènfā nǔlì, kèkǔ zuānyán, zhōngyú chéngwéi yī gè zhùmíng de xuézhě, yǒu hěnduō qīngnián dōu zhǔdòng tóukàoyú tā de ménxià.

Nachdem Zi Yu Konfuzius verlassen hatte, war er nicht niedergeschlagen und lernte fleißig. Da er das Lernen liebte und gern selbstständig dachte, arbeitete er noch härter und paukte noch mehr. Schließlich wurde er zu einem berühmten Gelehrten, zu dem viele Jugendliche aus eigenem Antrieb in die Lehre gingen.

离开	líkāi	（动词）	verlassen
灰心	huīxīn		niedergeschlagen sein
努力的	nǔlì de	（形容词）	fleißig
独立的	dúlì de	（形容词）	selbstständig
刻苦学习	kèkǔ xuéxí	（动词）	pauken
著名的	zhùmíng de	（形容词）	berühmt

学者	xuézhě	（名词）	Gelehrter
主动	zhǔdòng		aus eigenem Antrieb

然而，宰我却十分懒惰，纵使孔子勤奋地教导，他的学习成绩依然差尽。孔子曾经三番五次地劝导他，但他始终无动于衷。

Rán'ér, Zǎi Wǒ què shífēn lǎnduò, zòngshǐ Kǒng Zǐ qínfèn de jiàodǎo, tā de xuéxí chéngjì yīrán chàjìn. Kǒng Zǐ céngjīng sān fān wǔ cì de quàndǎo tā, dàn tā shǐzhōng wúdòng-yúzhōng.

Zai Wo hingegen war sehr faul. Auch wenn Konfuzius ihn intensiv unterrichtete, blieben seine Leistungen immer schlecht. Konfuzius ermahnte ihn immer wieder, aber er blieb stets desinteressiert.

懒的	lǎn de	（形容词）	faul
成绩	chéngjì	（名词）	Leistung
坏的	huài de	（形容词）	schlecht
三番五次	sān fān wǔ cì		immer wieder
劝告	quàngào	（动词）	ermahnen
始终	shǐzhōng	（副词）	stets
无动于衷， 漠不关心的	wúdòng-yúzhōng, mòbù-guānxīn de	（形容词）	desinteressiert

孔子只好把他当作朽木看待。后来宰我靠着他的口才当上了齐国的官，可是不久便和别人一起作乱，被齐王处死。

Kǒng Zǐ zhǐhǎo bǎ tā dàngzuò xiǔmù kàndài. Hòulái Zǎi Wǒ kàozhe tā de kǒucái dāng shàngle Qíguó de guān, kěshì bùjiǔ biàn hé biéren yīqǐ zuòluàn, bèi Qíwáng chǔsǐ.

Es blieb Konfuzius nichts anderes übrig, als ihn als morsches Holz zu betrachten. Später wurde Zai Wo dank seiner Redegabe zum Beamten des Staates Qi, wurde jedoch bald vom König hingerichtet, weil er zusammen mit einigen anderen Unruhen angezettelt hatte.

只好…	zhǐhǎo...	Es blieb jm. nichts anderes übrig, als...	
腐朽的	fǔxiǔ de	（形容词）	morsch
口才	kǒucái	（名词）	Redegabe
处死	chǔsǐ	（动词）	hinrichten
策划	cèhuà	（动词）	anzetteln
动乱	dòngluàn	（名词）	Unruhe

孔子因为这件事得出了一个教训："人不可貌相，海水不可斗量。"其实人往往犯了凭自己的主观和成见来论断一个人好坏的毛病。

Kǒng Zǐ yīnwèi zhè jiàn shì déchūle yī gè jiàoxùn: "Rén bùkě mào xiàng, hǎishuǐ bùkě dǒu liáng." Qíshí rén wǎngwǎng fànle píng zìjǐ de zhǔguān hé chéngjiàn lái lùnduàn yī gè rén hǎohuài de máobìng.

Konfuzius zog daraus eine Lehre: „Der Mensch kann nicht nach seinem Äußeren beurteilt werden, die See kann nicht mit einem Scheffel gemessen werden." In der Tat ist man oft geneigt, einen Menschen nach seinem objektiven Urteil zu beurteilen.

教训	jiàoxùn	（名词）	Lehre
得出一个教训	déchū yī gè jiàoxùn		eine Lehre ziehen
量	liáng	（动词）	messen
其实	qíshí		in der Tat
主观的	zhǔguān de	（形容词）	objektiv
论断	lùnduàn	（动词）	beurteilen

一个人容貌的美丑，只是他的外表，真正可作为选才标准的，是善良扎实的内在。

Yī gè rén róngmào de měichǒu, zhǐshì tā de wàibiǎo, zhēnzhèng kěnéng zuòwéi xuǎncái biāozhǔn de, shì shànliáng zhāshí de nèizài.

Das hübsche oder hässliche Aussehen eines Menschen ist nur seine äußere Erscheinung, und nur das wohlwollende und zuverlässige innerliche Sein kann als das wirkliche Kriterium für die Auswahl von kompetenten Kräften betrachtet werden.

外表	wàibiǎo	(名词)	Erscheinung
友善的	yǒushàn de	(形容词)	wohlwollend
可信赖的	kě xìnlài de	(形容词)	zuverlässig
内心的	nèixīn de	(形容词)	innerlich
存在	cúnzài	(名词)	Sein
标准	biāozhǔn	(名词)	Kriterium
选择	xuǎnzé	(名词)	Auswahl
有才能的	yǒu cáinéng de	(形容词)	kompetent

Die Moral daraus

莎士比亚说："外表往往与事实本身不符，世人却容易被表面的修饰所欺骗。"

Shāshìbǐyà shuō: "Wàibiǎo wǎngwǎng yǔ shìshí běnshén bùfú, shìrén què rǒngyì bèi biǎomiàn de xiūshì suǒ qīpiàn."

Shakespeare hat mit Recht gesagt: „Das Äußerliche entspricht oft der Tatsache selbst nicht, ein Weltlicher wird leicht durch oberflächliches Vertuschen betrogen."

表面的	biǎomiàn de	(形容词)	oberflächlich
掩饰	yǎnshì	(名词)	Vertuschen
欺骗	qīpiàn	(动词)	betrügen

自露骗局

某镇，有一天来了个卖药的。他推了一架车，车中安了一个大观音像，这观音一只手拿着一个柳枝甘露瓶，一只手平伸出来。

“诸君有病请来买药，我的药都会给观音菩萨的手拿一拿，如果这味药不让你吃，观音会不理你；让你吃的，观音会把药拿在手上不放。菩萨替你治病，自然是灵得很。”卖药的叫卖着。

顿时，镇上许多人争着买药，果然，这个人每卖一味药，便拿到观音的手上。许多药观音都不留，但总有留下的，因此人们自然而然地相信了。

有位少年认定是江湖骗局，于是在没人时，向他请教道：“假如你把秘密告诉我，我就给你一百元钱。”

那个卖药的不答应，接着少年又请他上酒楼，吃完竟不用结帐就出门。一连好几日，到了好几个酒楼，都是如此。

卖药的觉得奇怪，问他有什么秘诀。少年答道：“你把你的秘诀告诉我，我就把我的秘诀告诉你。”卖药的想了想，说：“我的秘诀是在观音手上安一块磁石，然后随意在一些药包中放入铁屑，这样，有铁屑的便会留在观音手上。”少年听了，说：“我的秘诀更简单，把钱先预付给酒楼，由酒楼慢慢计数。”卖药的听了，大叹道：“原来你这骗术太不实惠了，我上当了。我再也别想在你们这里卖药了。”

智慧小语

骗人终害己。

全文注释

Ein Betrug fliegt auf

某镇，有一天来了个卖药的。他推了一架车，车中安了一个大观音像，这观音一只手拿着一个柳枝甘露瓶，一只手平伸出来。

Mǒu Zhèn, yǒu yī tiān láile gè màiyào de. Tā tuīle yī jià chē, chēzhōng ānle yī gè dà guānyīnxiàng, zhè guānyīn yī zhī shǒu názhe yī gè liǔzhī gānlùpíng, yī zhī shǒu píngshēn chūlái.

Eines Tages kam ein Heilmittelverkäufer mit einem Wagen in eine Kleinstadt, im Wagen stand eine Statue des Bodhisattva der Barmherzigkeit Guanyin. Die Bodhisattva-Statue hielt in einer Hand eine Flasche mit Weidenzweig und Honigtau und streckte die andere Hand waagerecht aus.

卖药的人	màiyào de rén	（名词）	Heilmittelverkäufer
塑像	sùxiàng	（名词）	Statue
菩萨	púsà	（名词）	Bodhisattva
慈悲	cíbēi	（名词）	Barmherzigkeit
瓶子	píngzi	（名词）	Flasche
柳枝	liǔzhī	（名词）	Weidenzweig
甘露	gānlù	（名词）	Honigtau
水平的	shuǐpíng de	（形容词）	waagerecht

“诸君有病请来买药，我的药都会给观音菩萨的手拿一拿，如果这味药不

让你吃，观音会不理你；让你吃的，观音会把药拿在手上不放。菩萨替你治病，自然是灵得很。”卖药的叫卖着。

“Zhū Jūn yǒu bìng qǐng lái mǎi yào, wǒ de yǎo dōu huì gěi guānyīn púsà de shǒu náyīná, rúguǒ zhè wèi yào bùràng nǐ chī, guānyīn huì bù lǐ nǐ; ràng nǐ chī de, guānyīn huì bǎ yào názài shǒushang bù fàng. Púsà tì nǐ zhìbìng, zìrán shì língde hěn.” Màiyào de jiàomài zhe.

„Meine Damen und Herren, wer krank ist, ist bei mir in besten Händen. Meine Heilmittel gebe ich dem Bodhisattva Guanyin in die Hand. Wenn eine Medizin nicht zu dir passt, nimmt Guanyin keine Notizen von dir; wenn es passt, hält Guanyin es in der Hand und lässt es nicht los. Der Bodhisattva heilt deine Krankheit.“ So schrie der Heilmittelverkäufer.

药	yào	(名词)	Medizin
适合	shìhé	(动词)	passen
不理某人	bù lǐ mǒurén		von jm. keine Notizen nehmen
放开	fàngkāi	(动词)	loslassen
治疗	zhìliáo	(动词)	heilen

顿时，镇上许多人争着买药，果然，这个人每卖一味药，便拿到观音的手上。许多药观音都不留，但总有留下的，因此人们自然而然地相信了。

Dùnshí, zhènshang xǔduō rén zhēngzhe mǎi yào, guǒrán, zhè gè rén mài yī wèi yào, biàn nádào guānyīn de shǒushang. Xǔduō yào guānyīn dōu bù liú, dàn zǒng yǒu liúxia de, yīncǐ rénmen zìrán ér rán de xiāngxìn le.

Im Nu prügelten sich die Menschen fast um seine Heilmittel zu kaufen. Tatsächlich gab dieser Mann jedes verkaufte Heilmittel dem Bodhisattva Guanyin in die Hand. Viele davon ließ Guanyin aus der Hand, während nicht wenige immer in der Hand blieben. So glaubte man natürlich daran.

顿时	dùnshí		im Nu
争着，扭打	zhengzhe, niǔdǎ	（动词）	sich prügeln um
自然	zìrán	（副词）	natürlich

有位少年认定是江湖骗局，于是在没人时，向他请教道："假如你把秘密告诉我，我就给你一百元钱。"

Yǒu wèi shàonián rèndìng shì jiānghú piànjú, yúshì zài méi rén shí, xiàng tā qǐngjiào dào: "Jiǎrú nǐ bǎ mìmi gàosu wǒ, wǒ jiù gěi nǐ yī bǎi yuán qián."

Ein Jugendlicher stellte fest, dass es sich bei diesem Quacksalber um einen Betrug handelte. Als niemand da war, fragte er den Verkäufer: „Wenn Sie mir das Geheimnis sagen, gebe ich Ihnen 100 Yuan."

认定，断定	rèndìng, duàndìng	（动词）	feststellen
江湖医生	jiānghú yīshēng	（名词）	Quacksalber
秘密	mìmi	（名词）	Geheimnis

那个卖药的不答应，接着少年又请他上酒楼，吃完竟不用结帐就出门。一连好几日，到了好几个酒楼，都是如此。

Nà gè mài yào de bù dāying, jiēzhe shàonián yòu qǐng tā shàng jiǔlóu, chīwán jìng bùyòng jiézhàng jiù chūmén. Yī lián hǎo jǐ rì, dàole hǎo jǐ gè jiǔlóu, dōu shì rúcǐ.

Der Verkäufer stimmte nicht zu. Danach lud der Jugendliche ihn zum Wirtshaus ein. Ohne zu bezahlen, verließen sie nach dem Essen das Restaurant. Das wiederholte sich mehrere Tage in mehreren Restaurants.

答应，同意	dāying, tóngyì	（动词）	zustimmen
请，邀请	qǐng, yāoqǐng	（动词）	einladen

酒楼	jiǔlóu	（名词）	Wirtshaus
付钱	fùqián	（动词）	bezahlen

卖药的觉得奇怪，问他有什么秘诀。少年答道："你把你的秘诀告诉我，我就把我的秘诀告诉你。"

Mài yào de juéde qíguài, wèn tā yǒu shénme mìjué. Shàonián dádào: "Nǐ bǎ nǐ de mìjué gàosù wǒ, wǒ jiù bǎ wǒ de mìjué gàosù nǐ."

Der Heilmittelverkäufer fand das merkwürdig und fragte nach dem Geheimnis. Der Jugendliche antwortete: „Sobald Sie mir Ihr Geheimnis sagen, werde ich Ihnen meines verraten."

奇怪的	qíguài de	（形容词）	merkwürdig
透露	tòulù	（动词）	verraten

卖药的想了想，说："我的秘诀是在观音手上安一块磁石，然后随意在一些药包中放入铁屑，这样，有铁屑的便会留在观音手上。"

Mài yào de xiǎnglexiǎng, shuō: "Wǒ de mìjué shì zài guānyīn shǒushang ān yī kuài císhí, ránhòu suíyì zài yī xiē yàobāo zhōng fàngrù tiěxiè, zhè yàng, yǒu tiěxiè de biàn huì liúzài guānyīn shǒushang."

Nach kurzem Nachdenken sagte der Verkäufer: "Mein Geheimnis liegt darin, der Statue einen Magneten in die Hand zu legen, dann lege ich in einige Packungen der Heilmittel Eisenspäne. So bleiben diejenigen mit den Eisenspänen in der Hand der Guanyin stecken."

磁石	císhí	（名词）	Magnet
铁屑	tiěxiè	（名词）	Eisenspäne

少年听了，说："我的秘诀更简单，把钱先预付给酒楼，由酒楼慢慢计数。"

Shàonián tīngle, shuō: "Wǒ de mìjué gèng jiǎndān, bǎ qián xiān yùfù gěi jiǔlóu, yóu jiǔlóu mànmàn jìshù."

Der Jugendliche sagte danach: „Mein Geheimnis ist noch einfacher. Ich bezahle in den Restaurants im Voraus."

简单的	jiǎndān de	（形容词）	einfach
预先	yùxiān		im Voraus

卖药的听了，大叹道："原来你这骗术太不实惠了，我上当了。我再也别想在你们这里卖药了。"

Mài yào de tīng le, dà tàndào: "Yuánlái nǐ zhè piànshù tài bù shíhuì le, wǒ shàngdàng le. Wǒ zài yě bié xiǎng zài nǐmén zhèlǐ mài yào le."

Der Heilmittelverkäufer sagte tief seufzend, nachdem er das gehört hatte: „Dein Betrug ist also nicht sehr praktisch. Ich bin angeschmiert. Ich kann nicht weiter bei euch Heilmittel verkaufen."

叹气	tànqì	（动词）	seufzen
实惠的	shíhuì de	（形容词）	praktisch
上当	shàngdàng	（动词）	angeschmiert sein

Die Moral daraus

骗人终害己。

Piàn rén zhōng hài jǐ.

Wer andere betrogen hat, fügt sich schließlich selbst Schaden zu.

使…遭受	shǐ... zāoshòu	（动词）	jm. etw. zufügen

图书在版编目（CIP）数据
中国智慧故事 / 唐晓青主编。—北京：外文出版社，2006
（汉语轻松阅读）
ISBN 7-119-04353-6
I.中... II. 唐... III. 汉语—对外汉语教学—语言读物 IV. H195.5
中国版本图书馆 CIP 数据核字（2005）第 152942 号

责任编辑：唐晓青
翻　　译：邵青还　　戴世峰
德文改稿：Gregor Kneussel（高明）
审　　定：戴世峰
封面设计：姚　波
版式设计：韩晓婷
印刷监制：冯　浩

汉语轻松阅读——中国智慧故事

*

外文出版社出版
（中国北京百万庄大街 24 号）
邮政编码 100037
外文出版社网址：http://www.flp.com.cn
外文出版社电子邮件地址：info@flp.com.cn
sales@flp.com.cn
北京飞达印刷有限责任公司
中国国际图书贸易总公司发行
（中国北京车公庄西路 35 号）
北京邮政信箱第 399 号 邮政编码 100044
2006 年（小 16 开）第一版
2006 年第一版第一次印刷
（汉德）
ISBN 7-119-04353-6 (外)
02800（平）
9-CG-3704P